U0743325

中国农村合作金融
发展问题研究

王亮亮　著

中国金融出版社

责任编辑：吕　楠
责任校对：孙　蕊
责任印制：丁淮宾

图书在版编目（CIP）数据

中国农村合作金融发展问题研究／王亮亮著 . —北京：中国金融出版
社，2021.11
ISBN 978-7-5220-1413-5

Ⅰ.①中…　Ⅱ.①王…　Ⅲ.①农村金融—合作金融—研究—中国
Ⅳ.①F832.35

中国版本图书馆 CIP 数据核字（2021）第 240747 号

中国农村合作金融发展问题研究
ZHONGGUO NONGCUN HEZUO JINRONG FAZHAN WENTI YANJIU

出版
发行　　中国金融出版社

社址　北京市丰台区益泽路 2 号
市场开发部　（010）66024766，63805472，63439533（传真）
网 上 书 店　www.cfph.cn
　　　　　　（010）66024766，63372837（传真）
读者服务部　（010）66070833，62568380
邮编　100071
经销　新华书店
印刷　北京九州迅驰传媒文化有限公司
尺寸　169 毫米×239 毫米
印张　8.5
字数　206 千
版次　2021 年 11 月第 1 版
印次　2021 年 11 月第 1 次印刷
定价　69.00 元
ISBN 978-7-5220-1413-5
如出现印装错误本社负责调换　联系电话（010）63263947

前言

2008 年 10 月 12 日，中国共产党十七届三中全会通过的《关于推进农村改革发展若干重大问题决定》中明确"加快建立商业性金融、合作性金融、政策性金融相结合，资本充足、功能健全、服务完善、运行安全的农村金融体系"。新中国成立初期，中国为服务农村经济，组建了具有合作金融性质的农村信用合作社。2003 年，国务院下发《深化农村信用社改革试点方案》（国发〔2003〕15 号)，在改革的驱动下，农村信用社逐渐放弃了合作性质，转型为商业化机构。目前，中国的农村金融体系呈现出商业性金融成为主体、政策性金融发展不足、合作性金融逐渐消失的局面。

目录

一、农村合作金融研究的理论动态和必要性

（一）合作金融的概念和特点

合作金融是指社会经济中的某些个人或企业，为改善自身的经济条件和获取便利的融资服务，按合作经济原则设立的金融机构，旨在为社员或入股者提供资金融通等服务。合作金融是一种以人们自愿为原则，为了尽量规避风险、增加收益而建立起来的经济组织形式。我国许多学者对合作金融的概念和含义做出界定。例如，周正庆（1991）结合现代企业制度提出，合作金融组织性质是集体所有制性质的企业法人，特点是自主经营、独立核算、自负盈亏、自担风险[①]。岳志（2002）提出，从所有制角度看，合作金融是一种集体所有和个人所有相结合的特殊的资金融通形式，它所实现的目的是劳动群众对于自己的生产和生活条件如何实现最优，具体运作时以自愿为原则，注重民主式管理，效果上实现服务和利益的一致[②]。王曙光（2008）提出合作金融作为一种金融组织形式，是实现资金互助的一种灵活有效的形式。合作金融的建立基础是合作组织成员的互助与合作，解决的或服务的一般对象都是那些资金规模比较小的所有者，他们之间相互帮助，互通有无[③]。可见，合作金融参与社员的身份可以是自然人也可以是法人，尊重其社员的财产所有权。目前，国际上主要的合作金融组织形式包括信用合作社、合作基金会、合作银行等。不同意识形态的国家都可以自发产生合作金融组织，是市场经济运行中普遍存在的金融制度安排之一。

合作金融、商业性金融、政策性金融共同构成了我国的经济金融体系。区别于商业性金融、政策性金融，合作金融具有自愿性、互助性、区域性、民主性、经营目标双重性等特征。

1. 自愿性特征。无论自然人还是法人，只要有加入合作金融组织的意

---

① 周正庆. 中国金融实务大全 [M]. 长春：吉林人民出版社，1991.
② 岳志. 现代合作金融制度研究 [M]. 北京：中国金融出版社，2002.
③ 王曙光. 农村金融学 [M]. 北京：北京大学出版社，2008.

愿，能够遵守合作金融章程，依据规定缴纳股金，并承担相应社员义务，都能够成为合作金融组织成员。自愿性特征不仅指自愿加入，还包括自愿退出，即合作组织成员可以自由退出。对于加入合作金融组织的成员，不得因宗教信仰、肤色、种族等理由歧视其他成员。

2. 互助性特征。互助性指成员在资金使用方面互相支持和帮助。实现资金互助是合作金融区别于商业性金融和政策性金融的最重要特征。合作金融组织成立的初衷是为成员提供资金融通服务，利用互帮互助的方式，为成员抵御经济风险，缓解融资困难，提供信用支持，而不单纯以盈利最大化作为目标。在合作金融框架下，中小微企业及个体工商户从业者由于资金实力薄弱，防风险能力差，缺乏抵押担保物，很难获得正规金融机构的资金支持，即使能够申请到一部分资金支持，资金使用成本也较高。由此，合作金融组织应运而生，通过弱势群体之间资金互助的方式，将成员间分散的、小额的资金汇集起来，形成相对较大金额的中长期资金，帮助成员纾解资金难题，共同发展。

3. 区域性特征。合作金融组织作为市场经济下自发形成的经济形式，在农村金融市场以及非正规金融体系中发挥着重要作用。合作金融组织的性质决定了其服务范围及成员构成具有区域性特征，即只为其所在区域内的成员提供资金和信用服务。合作金融所在区域的农户、中小微企业为主要参与者，也是互助资金的主要来源。中国农村合作金融的成员、从业人员、服务对象、股东通常集中在某个行政村范围，其资金来源和资金流向也主要限于该村，以便为本村生产提供资金支持，促进本村经济发展。

4. 民主性特征。民主性特征是指参加合作金融的所有成员都能够通过特定的组织形式，参与合作组织的日常经营和管理，并享受选举权和被选举权。合作金融组织通常采取一人一票的方式进行管理，大股东也不能占据多数票，注重人的联合互助。在管理的过程中，合作金融组织发挥民主性特征，充分尊重每位成员，不论出资额度大小，尽可能平等对待，保障成员权利行使。目前，有些合作金融组织放弃了一人一票制度，采取加权投票，但为了防止某个成员的行为对表决权的结果构成垄断影响，会对票数的最高额加以限制，以便体现合作金融组织的民主性特征。

5. 双重性特征。合作金融经营目标的双重性特征指兼具服务性和营利性。服务性特征是指合作金融组织致力于促进成员之间的资金互助合作，纾解成员生产过程中遇到的资金困难，为服务组织内部成员而成立。营利性特征是指为了更好地满足成员之间资金互助的需要，实现可持续发展，合作金融组织必须保证原有资金不亏损，并且尽可能地通过运营使股东获得资金预期收益，使成员的合法权益得到保障，以便夯实发展基础，更好地服务区域内经济发展。

（二）合作金融思想的起源和发展

人类社会早期就已经产生合作的思想，与宗教、道德交织在一起。合作的思想贯穿人类发展历史，例如，古希腊时期柏拉图提出"共和国"概念，16世纪托马斯·莫尔在《乌托邦》一书中提出空想社会主义，培根畅想"新理想国"。这些合作思想实际上是对当时腐败封建社会制度的批判，以及对未来社会的美好愿景。19世纪后，西方出现了不同流派的合作理论，持有不同的观点。

1. 傅立叶和欧文的空想社会主义

学术界一般认为合作经济思想起源可以追溯到法国人傅立叶和英国人欧文的合作思想，是早期空想社会主义的代表性理论。法国人傅立叶被称为法国的"合作之父"，他设想未来的社会存在一种名为"法朗吉"的基层组织，该组织采取招股方式组建，集生产和消费于一身。英国人欧文是英国企业家，是空想社会主义的代表人物之一。欧文的合作思想主要包括：提倡废除货币，推行劳动交换制度；反对私有制和竞争，提倡社会幸福观；他认为环境是人性形成过程中最大的影响因素，通过接受教育可以改变人性，打造新的道德世界。近代合作制度中关于自由性原则、民主性原则、公平分配、注重教育等内容都受到了欧文合作理念的影响。法国人傅立叶和英国人欧文同时代倡导推行合作运动，但二者的思想在理论出发点、是否保留私有制等方面存在差异。

2. 季特创立新合作主义思想体系

法国尼墨是南部海滨城市，以地名命名的尼墨合作思想学派的代表人物包括傅立叶、德波亚夫、季特。季特创建了新合作主义思想体系，对合作思想的贡献有三个方面：首先，在消费者主权说基础上提出消费合作理论；其次，将连锁论作为合作主义成立的哲学基础，认为万事万物是在原子的运动中形成的；最后，认为社会主义和合作主义的区别在于改造社会的手段不同。季特认为追求自由竞争的制度环境以及公平公正的财产分配，必须加强合作。

3. 英国的罗虚代尔原则

英国是世界上最早开展合作运动的国家。受欧文的合作思想影响，1829

年，英国成立了300多个合作团体，虽然这些团体推进合作主义的实践并未获得成功，但合作思想在英国得到广泛传播。1844年，英国罗虚代尔镇的纺织工人们为了抵制中间商剥削，改善生产生活环境，提高话语权，组建了罗虚代尔公平先锋社，制定并执行了充分体现合作思想的合作纲领，成为国际上开展合作运动较为成功的典型组织。罗虚代尔先锋社的实践活动体现了以下主要原则：一是自愿原则，即社员入社、退社都是自愿自由的。社员们存在共同利益和目标，使得自愿原则的贯彻执行存在可能性。合作社运营的效果是否理想，关系到每一位社员的切身利益。二是一人一票原则。根据合作纲领，社员大会是合作社的最高权力机关，负责谈论和决议合作社的任何重大事宜，并选举出管理人员对合作社行使管理权。社员大会上，无论持股数量多少，严格实行每人一票原则，保障了社员之间的平等权力，充分体现出合作思想中的民主精神。三是现金交易原则。考虑到合作社股金数量有限，赊账会对合作社正常运营带来负面影响，合作社规定社员不得进行实物交易，必须使用现金结算。四是诚实守信、货真价实原则。为了防止欺诈行为发生，保护社员的合法利益，促进公平竞争，合作社明确交易应恪守诚实守信、货真价实原则。五是红利按惠顾量分配原则。确定了红利分配计算公式：社员红利分配额＝扣除必要扣留的盈余÷销售总额×该社员购买额。19世纪中叶的英国仍处于资本主义社会，当时合作社提出红利分配不再以资本多少为依据，无疑是一个伟大创举，为劳动者争取到了更多利益。这种分配原则将社员利益与合作社效益捆绑在一起，提高了社员参与合作社日常经营活动的积极性。六是政治、宗教中立原则。无论宗教信仰、政治派别是否相同，都能够参加合作社，成为正式社员，说明合作社最重要的属性不是政治团体、宗教组织，而是名副其实的经济团体①。

4. 德国雷法巽与舒尔茨的合作金融思想

19世纪初，为刺激经济发展，德国加快了产业革命步伐，并推行土地改革运动，出台了一系列改革措施。在改革背景下，农民利益得到基本保障，但由于金融发展滞后等因素，仍然面临改进生产技术和工具中的融资难题，从而制约了农村经济社会发展。当时的德国综合实力难以与英国、法国比肩，仍然处于主要依靠农业发展的资本主义国家。受到英法两国合作运动的影响，合作金融思想在德国得到传播和发展，代表人物有两位，

---

① 季特. 季特经济学［M］. 上海：泰东图书局，1928.

即雷法巽与舒尔茨。

雷法巽是农村合作金融思想的著名代表人物，他组建并创办了世界上首家农村信用社。1845 年，雷法巽担任地方行政长官，他认为合作社的理论基础源于博爱主义，这不仅体现社员的互相帮助和团体主义，还带有慈善性质。1846 年，他在威雅布许市创立首家消费合作社，主要为合作社内部社员提供生产所需的种子和生活所需的面包。1849 年，他在弗兰马斯菲尔特市创建首家救助合作社，以社员为服务对象，为当地农民提供肥料。随后几年间，他又在不同地区设立了不同类型的合作组织，例如慈善合作社、莱茵农业合作银行、农业中央金库、农业中央信用合作社等。雷法巽组建合作社的初衷是服务农民，为农民解决生活、生产环节的资金困难问题，带有明显的慈善性质。他主张的合作运动纲领具体包括：遵循邻里主义，以农民为社员，将合作区域限定在村；社员除了具备经济条件外，还要以道德为入社基准，并承担无限责任；允许通过对外举债解决资金问题；采用中央集权体制，归中央金库管理；社员有义务处理日常合作事务，所借款项务必用于生产，并以生产收入进行偿还。

舒尔茨是 19 世纪德国经济学家，由于对信用合作社有突出贡献，被誉为"手工业信用合作社之父"。他主张赋予那些活跃在小城镇的城市手工业者和小商人合作社社员身份，以便取得信用贷款，用于购买加工生产过程中所需的生产物资。1850 年，舒尔茨在德国小镇成立借贷社，由当地富人出资，为遇到资金困难的手工业者和小商人提供贷款服务。通过实践，舒尔茨逐渐认识到信用合作社的发展应建立在城市小生产者自愿合作的基础上，利用共同的储蓄相互救助，不能接受国家的援助，否则不利于长期发展。舒尔茨的合作思想在当时的经济社会背景下可谓创举，他帮助城市小生产者实现了资金互助，使他们作为金融消费的弱势群体免受高利贷的剥削。舒尔茨认为，个人主义并不等同于利己主义。利己主义者往往为了满足欲望、获取利益，不惜践踏他人利益。个人主义则主张将追求个人幸福、维护个人利益建立在遵循法律的前提下，坚持个人自由、财产私有。在政治方面，呼吁民众参与立法、实行普选；在经济方面，提倡自由，反对特权①。

5. 马克思合作经济思想

马克思在对 19 世纪欧洲各国兴起的合作思想和合作实践进行深入了解之后，认识到发展合作经济难以撼动资本主义的社会性质，但能够促进生

---

① 舒尔茨. 西方合作经济理论评述 [J]. 林业经济，2007（11）.

产力发展，提高生产效率。马克思曾对合作思想进行论述，根据《马克思恩格斯选集（第二卷）》①，可以将马克思提出的观点总结为以下几点：

第一，建立联合劳动的合作制度是对带有剥削性质的雇佣制度的颠覆和进步。马克思认为，对于合作劳动、合作工厂这些伟大的社会实验所产生的意义，给予多高的估价都不算过分。大规模地按照现代科学要求从事的生产活动，在未利用雇佣工人阶级劳动的雇主阶级参加的条件下是能够进行的。劳动工具若是被视为带有垄断性质，并作为对工人阶级进行掠夺和剥削的工具，将不利于进行有效生产。雇佣劳动如同奴隶劳动一样，只是暂时的、低级的劳动形式，终将被带着兴奋和愉悦心情自愿进行的联合劳动所取代。

第二，工厂制度是合作工厂的起点，属于社会化生产的组织形式。在产业革命背景下，工厂制度在以机器体系为基础的工业化过程中诞生。区别于工场手工业和家庭手工业，工厂制度是一种社会化生产方式。马克思提出：没有从资本主义生产方式中产生的工厂制度，合作工厂就不可能发展起来；同样，没有从资本主义生产方式中产生的信用制度，合作工厂也不可能发展起来。

第三，合作制度是实现共产主义的必要的过渡环节。恩格斯指出：合作制是实现共产主义的准备和过渡。在实现共产主义的过程中，必须将合作生产作为中间环节，这点毋庸置疑。

第四，联合劳动增值并非私人所有，而是属于社会所有。马克思指出：工人作为联合体是他们自己的资本家，也就是说，他们利用生产资料来使他们的劳动增值。②

6. 列宁的合作经济思想

俄国十月革命爆发之后，工人阶级取得全面胜利，成为国家的主人，生产资料私有制被推翻，归全民公有。在马克思、恩格斯对合作思想研究的基础上，列宁作为马克思主义的继承者，在《论合作社》中明确发展合作社制度的重要性，提出：文明的合作社制度，就是社会主义制度，合作社的发展就等于社会主义的发展。列宁认为，在以小农经济为主的俄国，发展农业合作社能够带动俄国经济社会发展。1903 年，列宁在《告贫苦农民》一文中对资本主义制度下合作化运动的发展状况和前景进行研判，回

---

① 马克思，恩格斯. 马克思恩格斯选集，第二卷 [M]. 北京：人民出版社，1995.
② 马克思. 资本论（第三卷）[M]. 北京：北京商务出版社，1995.

答了中等农民"何去何从"的问题，揭露了在资本主义社会，企业主在"合作"的假面之下盘剥、欺骗贫苦农民的真相。经过层层分析，他得出的结论是只有形成工农联盟（即合作社）才能帮助农民彻底摆脱贫困。列宁的"工农联盟"与资产阶级组建的合作社具有本质区别。1910年，列宁指出，资产阶级合作社不能作为解决农业发展的手段，因为它们已经成为资产阶级剥削无产阶级的纯商业性组织。随着无产阶级不断壮大，列宁进一步提出无产阶级才能建立真正的合作社的思想。1918年，第一次世界大战爆发，列宁发起战时共产主义政策，推行"共耕制"，三年后由于效果达不到预期，被叫停。1921年，列宁推行新的经济政策，促进商品经济发展的同时，也将合作计划的范围进一步扩大到其他交换环节。列宁认为，与个体私营形式相比，合作社的经营形式存在较大优势，可以吸引更多的农民加入，从而达到加快对旧资本主义改造的目的①。

俄国十月革命后，共产党掌握了国家领导权，生产资料归国家所有。列宁认为发展合作经济有利于巩固苏维埃政权，是实现发展社会主义的"助推器"。在当时的历史阶段，列宁把实现居民合作化上升到了政治高度，将其视为一项重要的政治任务，具有重要意义。列宁关于开展合作实践的思路和想法包括：合作范围应波及社会各个方面；工人阶级取得全面胜利之后，合作社的发展壮大能够代表社会主义的发展壮大；加强对合作社主要成员进行教育，提高社员素质以便保障合作化顺利推进；明确集体制是合作制的发展方向等。列宁总结出的合作经济思想对于农业国家以及城乡二元结构明显的社会主义国家具有借鉴意义。

（三）合作金融思想在中国的传播和发展实践

互助、合作、协作这些生产方式在中国具有悠久的历史。夏、商、周时期这些生产合作方式就在农业生产中普遍存在。近代的中国社会仍然保持着共耕、村社公有、互助等简单的协作方式。

1. 马克思主义合作思想在中国的传播和发展

1918年，李大钊在北京大学传播马克思主义，成为马克思主义传播第一人和中国共产党主要创始人。1919年，李大钊在《我的马克思主义观》中阐释了"马氏独特的唯物史观""还有那些阶级竞争说"，并介绍了马克思主义代表作《资本论》。李大钊将马克思的经济主张概括为"余共余值

---

① 列宁. 列宁全集［M］. 北京：人民出版社，1987.

说"和"资本集中说"①。李大钊评价说:"现在世界改造的机运,已经从俄、德诸国闪现一道曙光。从前经济学的正统是在个人主义、现在社会主义、人道主义的经济学,将要取此正统的位系,而代个人主义以起了"。从前的经济学,以资本为本位,以资本家为本位。以后的经济学,要以劳动为本位,以劳动者为本位了。这正是个人主义向社会主义、人道主义过渡的时代②。随后,李大钊在著作《土地与农民》中指出:只有农民自己组织的农民协会才能保障其阶级的利益。第一要紧的工作,是唤起贫农阶级组织农民协会。③

五四运动爆发后,在五四思想洗礼下,中国出现了大批传播马克思主义及西方合作思想的社会知名人士,包括瞿秋白、陈独秀、寿勉成、薛仙舟等。1920年,瞿秋白以记者身份赴苏联走访,学习列宁的合作理论,并将苏联的合作社发展经验引入中国。1923年,陈独秀在《中国公民问题》中提出组织农民借贷机关、组织消费协作社等实际行动必须在农会内开展并行动起来。1924年,《中国青年》杂志《何为国民革命》的文章中指出,国家应拨款辅助农民、工人、城市贫民组织开展消费合作社。1927年,毛泽东在《湖南农民运动考察报告》中记录了关于农民运动的大事件,合作运动就是其中之一。同年,《土地问题决议案》经中共五大讨论通过,其中第六条提出"建立国家农业银行及农民消费、生产、信用合作社"。随后,在《中国共产党土地问题党纲草案》中明确为解决农民土地问题,由共产党组织并赞助农民合作运动。由此可见,中国共产党早期的领导人,通过学习借鉴国外先进理论,传播合作制思想,达到了引导农民自发成立合作组织、推动合作社运动发展的效果。

2. 毛泽东关于合作经济思想的论述

毛泽东作为伟大领袖带领中国人民在抗日战争、解放战争中取得了全面胜利,得益于他依靠、团结并发动了最广大的农民阶级。毛泽东认为,通过团结中国最广大的农民阶级,不仅能够对抗一切反动阶级和侵略者,还能够解放和发展生产力。在《湖南农民运动的考察报告》中,毛泽东提出:我们应当大力发展消费、贩卖、信用这三类合作社。战争时期的革命根据地,农民的生产生活主要依靠劳动互助社和耕田队的形式来满足,在发展农业生产的同时,保障了军民的生产生活。毛泽东指出:劳动互助社

① 李大钊. 我的马克思主义观 [J]. 新青年,1919 (9).
② 冯建辉. 从陈独秀到毛泽东 [M]. 北京:中央文献出版社,1998.
③ 李大钊. 土地与农民 [M]. 北京:中央文献出版社,1995.

在农业生产上的伟大作用，长冈乡明显地表现出来了。在毛泽东的带领下，起草了《劳动互助社组织纲要》，各地纷纷展开实践。1943 年，毛泽东发表《论合作社》《组织起来》等重要讲话，指出"创办合作社，就是为了群众、依靠群众、服务群众，处处为群众着想，为群众谋福利。"① 毛泽东将延安南区的合作形式归纳为手工业合作、运输合作、生产合作、消费合作、信用合作等类型。调研发现，土地改革和推广农业互助合作能够释放农民生产积极性，促进农村生产力发展。他指出，发展合作社运动应在涉及外延的同时，更加关注内涵，即解放和发展生产力。毛泽东结合中国实际国情，推行的合作经济思想可以被概括为以下几方面：

一是社会主义经济组成中，合作经济占有一席之地。1949 年 3 月，毛泽东强调了发展合作经济的重要意义：我们如果仅仅发展国营经济而忽视了合作经济的作用，人民当家做主将不可能实现。二是发展合作经济的最优选择是"民办官助"。1939 年以前，通常由政府出资投入股金组建边区合作社，带有浓烈的"官办"性质，人民群众能够获得的帮助是有限的。1942 年，受到延安南区合作社的启发，为了达到切实帮助群众的目的，合作社逐渐转变为民办官助。这种做法保障了农民生产生活所需，做到了将人民群众利益放在首位。三是中华人民共和国成立后的合作经济思想。1949 年新中国成立之后，百废待兴，毛泽东为了发展经济，发起了农业和手工业合作化运动。1951 年，全国召开第一次互助合作会议，通过了《关于农业互助合作的决议（草案）》，明确发展农业互助合作的原则为自愿、互利。1953 年，中央通过了《关于农业互助合作的决议（草案）》的决议，成为我国历史上首份针对合作经济出台的官方文件。随着土地改革的深入推进，为了发展农村经济，毛泽东指示将农业合作社打造出规模，并集中起来。在中央指导之下，农业合作社得到不断壮大，从互助社、初级社、高级社，直到 1958 年演变为人民公社。

3. 中国共产党开展合作运动的早期实践

中国共产党开展合作运动的早期实践经历了三个阶段：土地革命时期的合作运动实践、抗日战争时期的合作运动实践以及解放战争时期的互助合作实践。

第一阶段：自 1927 年 10 月建立井冈山革命根据地至 1934 年 10 月红军长征反围剿。该阶段探索实践最为全面，取得一定成效。1927 年至 1931

---

① 毛泽东. 毛泽东著作专题摘编 [M]. 北京：中央文献出版社，2003.

年，合作运动处于孕育期，出现了大量消费合作社，其他类型的合作社很少。1931年至1933年，合作运动处于快速发展期，此时的中华苏维埃共和国临时中央政府为了促进合作组织发展，出台了相关规章制度，加强管理，推动其健康发展。此时，除了消费合作社，还出现了粮食合作社、犁牛合作社等多种组织。1933年，南北经济大会召开，掀起了组织开展合作运动的浪潮，进入鼎盛期。合作社的种类众多，形式多样，主要有粮食合作社、犁牛合作社、耕田队和劳动互助社、信用合作社、手工业生产合作社、消费合作社等。

第二阶段：1941年至1943年，抗日战争艰苦相持阶段。抗战爆发初期，合作运动的组织发展受到严重影响，当抗日战争进入相持阶段后，中共中央认识到为了打破封锁、稳定民生、解决根据地军民的基本生活问题，必须扶持合作社发展。抗日战争时期，中国人民生活极端艰苦，一是国民党政府消极抗战，刻意制造争端，不向八路军拨发军费，对抗日根据地实行经济封锁；二是日寇侵略者对抗日根据地实行清剿和大扫荡；三是干旱、山洪等自然灾害严重，导致根据地农民颗粒无收，损失惨重。基于此背景，中共中央决定在坚持抗战的同时，腾出精力扶持并规范合作社发展。1942年，中共中央围绕合作社"民办公助"的性质，推行合作社体制整顿计划。该计划强调合作社属性具有集体互助的特点，鼓励农民自愿加入合作社，并具有随时退出的权力，合作社的管理者由农民选举产生。上述措施一经推行，合作社的运行更加规范，虽然数量略有下降，但树立了一些有特色的典型社，例如，晋察冀边区张端合作社、平顺西沟村李顺达合作社等。通过规范发展合作社，中共带领根据地军民瓦解了国民党通过经济封锁压制共产党力量的阴谋，改善了人民生活，保障了工农红军的物资补给，成效显著。

第三阶段：1946年解放战争爆发到新中国成立时期。在抗日根据地合作运动开展的基础上，解放战争中共中央带领广大革命群众推行土地改革，提倡耕者有其田，通过减租减息的新政激发农民阶级的生产积极性。抗日战争持续了十四年，中国农村出现了劳动力相对短缺的现象，基于此，中共号召大家学习"示范社"，在坚持自愿、等价原则的前提下，引导农民加入合作社，推广合作社业务，使解放区合作社成果得到了巩固。解放战争时期，在中国共产党的领导下，全国组建了多种互助合作组织，通过制定系统性的措施，提高了粮食等基本物资的生产能力，为战争的胜利提供了物质保障。据统计，解放战争到1949年新中国成立初期，全国77个大中城市中有 43 个城市成立了市合作社总社，2114 个县中有 815 个县成立了县联合社，共有社员 2000 万人。全国合作社干部 12 万人，资金 5514 亿元，其中社员股金 2396 亿元，国家补助金 3118 亿元。[①]

（四）发展农村合作金融的理论基础

1. 金融可持续发展理论

我国著名经济学家白钦先教授在提出金融资源理论学说之后，结合可持续发展理念，再次率先提出金融可持续发展理论。该理论一经推出，便引起了金融学理论界的广泛关注，被视为金融学历史上的又一伟大创新。该理论认为，金融不单单是一种生产要素，还是一种稀缺性资源，甚至是一个国家基本的战略性资源。金融资源可以分为三个层面：第一层面为基础性核心金融资源，即广义的货币资产（资金）；第二层面为实体中间性资源，即金融组织体系和金融资产工具体系；第三层面为高层次金融资源，即金融的整体功能性。金融资源兼具自然属性和社会属性，自然属性方面，金融资源是一种稀缺的社会性战略资源，可被设计加入可持续发展函数；社会属性方面，金融资源能够实现对自然资源和社会资源进行配置，具有特殊属性。在金融资源社会属性的作用下，社会的金融生态环境逐渐形成。金融可持续发展理论涉及两个根本问题：金融资源的永续利用和金融生态环境的保护。[②]农村合作金融属于金融研究范畴，也可以放在金融可持续发展理论框架下进行剖析。金融可持续发展理论对农村合作金融在中国的发展具有指导意义。中国是农业大国，农村人口所占比重较大，"三农"发展遇到许多问题，农业是弱势产业，农民是弱势群体，发展农村合作金融对于扶持"三农"发展具有战略性指导意义。

根据金融可持续发展理论，合作金融是一种稀缺战略资源，应将它上升到战略高度。在中国广大农村地区，除了农民、农户需要通过合作的方式享受到金融资源的帮扶，对于那些处于弱势地位的农村中小企业群体也应予以关注。农村中小企业群体由于缺乏担保抵押物，仅依靠信用，一般无法轻松获得来自正规金融体系的商业贷款，面临资金获得难、资金成本高的恶劣生存环境。只有依靠真正的合作金融，才能享受到平等的、便利

---

① 郭铁民，林善浪. 中国合作经济发展史 [M]. 北京：当代中国出版社，1998.
② 陈晓枫，李伟. 金融发展理论的变迁与创新 [J]. 福建师范大学学报哲学社会科学版，2007（3）.

的金融服务，从而健康持续发展。

区别于其他金融理论，金融可持续理论揭示出金融的资源属性，认为要对金融资源及其配置效率进行全面研究，形成全新的金融效率观。金融具备的资源属性决定了金融发展作为一个扩大金融资源基数、提高资源利用效率的过程，直接拉动了社会经济发展。关于金融发展与经济增长之间的速度问题，金融可持续理论认为若金融发展既不超前于经济发展，又不滞后于经济发展，则实现了金融效率。金融发展过程中，在注重提高效率的同时，也有必要降低金融资源固有的脆弱性。此外，金融可持续理论认为，经济金融是一个复杂的复合体系，由各个相互关联的子系统组成，当各个子系统之间良好协调发展时，经济金融才能实现可持续发展。随着金融关系的深化，经济、金融内在的安全性和稳定性也会随之降低。

2. 熟人社会理论

20 世纪，费孝通在其著作《乡土中国》中首次提出"熟人社会"概念。他认为，"熟人社会"就是"小圈子"社会，没有陌生人的社会。中国传统社会存在关系错综复杂的关系网，人熟是一种优势。作为概念，熟人社会指生活在同一圈层内的个体间基于身份、地位的认同感而形成的利益共同体的集合，通常以邻里互助、道德信用等基本行为为特征。熟人社会理论的主要内容包括："中国社会是乡土性的，常态的生活是终老还乡，每个孩子都是在人家眼中看着长大的，周围的人具有与生俱来的熟悉感。""乡土社会是靠亲密和长期的交往来配合每个人的相互行为，到某种程度使人感觉到是自动的。只有生于斯、长于斯的人群里才能培养出这种亲密的群体，其中每个人都有着高度的了解。"① 在我国，费孝通先生的熟人理论描述了这样的现象：家庭作为中国社会的基本单位，以血缘关系为基础，向家族扩展，通过个人的交际网形成集体的交际圈。在熟人社会每个人、每个家庭都熟悉并了解周围的交际圈层。随着当代中国社会的不断改变和进步，在城市地区呈现出"弱熟人社会"的特点，但在广大的农村地区，因血缘、地缘而形成的熟人社会圈层未发生彻底改变，这是由于中国乡土文化历经传承，已经在人们心中扎根。《乡土中国》一书提出，社会关系指社会群体成员"意会"并熟悉的过往历史与个人的生活历程中能动地建构起来的"自己人和外人"的社会生活模式。

"意会"的意思是熟人社会中的个体成员在日常生活中、举办重要仪式

---

① 费孝通. 乡土中国 [M]. 北京：北京大学出版社，2014.

时，不亏欠人情，顾及家庭、宗族的门面的行为。重要仪式包括庆祝新生、举办寿宴、婚礼、乔迁新居、死后下葬等活动。个人必须追求诚信、不得违反家族的、集体的规矩，否则将受到谴责，被排除出圈层甚至被孤立。中国发展农村合作金融的理论基础之一就是熟人社会理论，农村合作金融的发展必将建立在以村、镇为单位的熟人社会之上。由于信息沟通便利、信息对称程度高等因素的存在，熟人社会形成的区域性关系网对于农村经济金融活动具有重要影响。

3. 普惠金融理论

2005 年，联合国在进行国际小额信贷年宣传活动中首次提出推动普惠金融发展，提倡在资源论、公平论等基础上，为社会各阶层成员提供安全、低成本、公开的金融服务体系，提升金融弱势群体的"造血"功能。2006 年，联合国在《建设普惠金融体系》中提出建设普惠金融体系分为微观、中观、宏观三个层面，并应以发展小额信贷为核心。普惠金融概念有狭义和广义之分，狭义的普惠金融是指为有利于正规金融体系之外的广大中低收入阶层、贫困人口、中小微企业提供金融服务便利。广义的普惠金融是指将所有存在金融服务需求的人都纳入服务范围，得到与需求相匹配的金融服务。随后普惠金融在各国得到发展，由于各国所处经济发展不同，普惠金融的模式和发展方式也各具特色。

在我国普惠金融经历了近十年的发展，2013 年党的十八届三中全会首次提出"发展普惠金融"。2015 年，政府工作报告提出大力发展普惠金融。2016 年，我国制定的《推行普惠金融发展规划（2016—2020）》从实践层面的金融产品和服务视角对普惠金融概念加以界定，普惠金融是指立足机会平等要求和商业可持续原则，以可负担的成本为有金融服务需求的社会阶层和群体提供适当、有效的金融服务。此外，还有一种界定，被称为普惠金融论，是从金融发展和金融福利分配角度出发，明确对普惠金融论加以定义。普惠金融论认为普惠金融主体包括三部分，本质和发展路径、与经济增长的关系、对金融发展公平性的评判。目前，普惠金融体系建设已经成为我国金融改革的题中之义，国际上的许多做法由于国情不同不能被照搬照用，我国需要在原有的体系架构上，完善功能不足，实现对现有体系的提质升级。

在逻辑层面，发展合作金融与普惠金融具有内在统一性。梳理时间线索不难发现，许多合作金融形式都是普惠金融发展的先驱，例如，农村合作基金会、农村信用合作社等。农村合作基金会的功能包括为贫困家庭提供有效的储蓄方式，以便帮助其购买到不可分割的耐用品和消费品。在倾向提供储蓄的农村合作基金会发展基础上，储蓄和信贷协会的出现为贫困家庭提供了一种借贷手段，更加接近普惠金融的服务理念。农村信用合作关于鼓励借款人相互监督和为邻居提供贷款担保的制度设计被视为普惠金融领域联保贷款机制设计的雏形。在国际实践层面，许多普惠金融发展领域的典型模式都采取了信用互助合作的方式。剖析我国发展农村合作金融与普惠金融发展的逻辑关系，对于推动我国农村合作金融建设，健全农村金融服务体系非常重要。

在"三农"领域，普惠金融的服务对象是广大农民、农户、涉农企业等弱势群体。通过普惠，能够扩大金融服务受众范围，这与发展农村合作金融的出发点不谋而合。发展农村普惠金融、合作金融能够为农民提供融资便利，降低融资成本，使农民获得平等地享受金融产品和服务的机会，提高农民参与经济活动的积极性。此外，通过发展普惠金融能够为贫困人群创造更多的选择和就业机会，对于破解我国城乡二元结构矛盾突出等问题具有重要意义。将普惠金融理论和发展理念运用到我国发展农村合作金融的实践中是一种体系创新，必将成为发展农村普惠金融的有益探索，实现农村金融的健康稳定发展。

4. 三维金融框架理论

2013 年，我国经济金融学家白钦先发表文章《论三维金融架构——哲学的人文的历史的与经济社会综合视角的研究》，首次提出"三维金融框架理论"。三维金融架构是指"现代市场经济体系国家或经济体中，由商业性金融、政策性金融和合作性金融这三种相互联系却有着本质不同的金融组织形态和金融资源配置方式相互影响、相互作用、相互融合所形成的整体系统架构；该架构通过相关金融组织提供金融服务来配置资金资源，作用于民生福利、经济发展与社会和谐，构成一国经济体系中重要的基础性的金融制度安排"①。三维金融架构理论论述了现代金融的本质是各种金融资源配置方式共生、共存；发展现代金融的资源配置方式包括商业性、政策性以及合作性三种类型。

不同国家划分商业性金融机构或组织、政策性金融机构或组织、合作性金融机构或组织的标准也不同。根据中国人民银行颁布的《金融机构编

---

① 白钦先，文豪. 论三维金融架构——哲学的人文的历史的与经济社会综合视角的研究 [J]. 东岳论丛，2013（6）.

码规范》，我国的商业性金融机构包括商业性银行、期货公司、信托公司、金融资产管理公司、贷款公司、保险资产管理公司等。政策性金融机构包括政策性银行和政策性保险公司，具体包括国家开发银行、中国农业发展银行、中国出口信用保险公司等。合作性金融机构或组织包括农村信用社、农村信用社省级联社、城市信用合作社、农村信用互助组织、农村资金互助组织等。在我国的金融体系中，商业性金融机构占据主要部分，政策性金融机构与合作性金融机构的数量均较少，可见，在大多数领域商业性金融居于主体地位，政策性、合作性金融发挥着补充和辅助的作用。这并不意味着政策性、合作性金融不具备生存和发展的意义，在某些特定领域，它们也各自发挥着比较优势。例如，在进出口、基础设施建设、社会保障、对外投资担保等领域，主要以政策性金融发挥功能为主，商业性金融进行辅助。合作性金融则在服务"三农""中小微企业"方面大放异彩，具有基础性主体地位。

商业性金融、政策性金融、合作性金融的发展宗旨和目标不同。商业性金融建立在理性人假设基础之上，追求利润最大化，会根据不断变化的情况相机抉择，实现资源动态优化配置。政策性金融则将资源配置的社会合理性作为最高宗旨，保障国家特定的经济政策或意图得以落实，带有强烈的政治色彩。合作性金融大多数是金融弱势群体或组织联合起来自我救助、互帮互助的一种协作组织，解决的不是效率问题而是公平公正的一种体现。因此，农村合作金融是我国经济体系中不可或缺的一部分。

（五）农村合作金融的研究背景和选题意义

自古以来，中国就是农业大国，农业是国民经济的基础。农业在中国历史发展过程中是人类生活的起点，在保障人类生活基本需要的同时，也成为影响人类社会发展的主要因素。在保持农业稳定发展的基础上，随着生产力的发展和科学技术的渗透，人类社会由农业社会过渡到工业社会再到科技文明社会。农业社会时期，农业对国民经济的贡献最大，产值占据主导地位，促进了工业化的发展以及社会其他领域的进步。当科技水平发展到一定程度，工业化崛起，工业产值反超农业，其地位取代农业，成为国民经济的主导产业。这并不代表农业不重要，农业的地位是牢固而不可代替的。首先，农业的发展为工业部门提供原材料。例如，将玉米作为原材料，可以纺布、榨油，为轻工业提供原材料。其次，农业解决了中国十几亿人口的吃饭问题。无论科技如何发展，社会如何进步，温饱问题不解决一切都是空谈。杂交水稻之父袁隆平教授将杂交技术运用到水稻生产中，提高了产量，为中国乃至世界人民解决温饱问题作出重要贡献。再次，改革开放之后，在经济体制改革的推动下，农业生产力、土地利用效率不断提高，一部分农村劳动力逐渐转移到农村中小企业，带动了乡镇企业的发展。

中国是农业大国但不是农业强国，"三农"问题依然突出。能否解决和处理好"三农"问题关系到中国经济可持续发展、社会主义现代化、人民共同富裕等一系列重大问题的实现。"三农"问题是指与农业、农村、农民有关的问题。研究"三农"问题目的是要实现农民增收、农业发展、农村稳定。"三农"问题在每个历史时期各具特点，现阶段中国面临的"三农"问题主要体现在以下几个方面：实现农民增收过程中暴露出的问题在于缺少与社会收入同步增长机制，导致农民收入增长缓慢；农业发展中暴露出的问题在于由于生产经营方式不能适应残酷的市场竞争，农产品质量与消费需求不匹配，产业效益不高；农村稳定的问题体现在农业发展相比工业、服务业较为落后，农村、城市发展二元结构矛盾突出，农村生态环境亟待改善等方面。在供给侧改革、金融深化的背景下，如何实现、能否实现农村金融资源的优化配置成为解决"三农"问题的关键。

党中央、国务院高度重视农村金融在服务"三农"中的核心作用。2003 年以来，中央坚定不移地推进农村信用社深化改革等一系列重要改革，出台多项扶持政策，加快农村金融创新发展。农村金融服务体系日益健全，农村金融服务能力显著增强，农村金融生态环境持续改善，为促进农业生产、农村经济发展和农民增收发挥了重要作用。自 2007 年创立涉农贷款统计以来，全部金融机构涉农贷款余额累计增长 543.4%，11 年间平均年增速为 16.5%。涉农贷款余额从 2007 年末的 6.1 万亿元，增加至 2018 年末的 32.7 万亿元，占各项贷款的比重从 22% 提高至 24%。[①] 如表 1 所示，2003 年至 2021 年中央一号文件都聚焦"三农"问题，体现出党中央、国务院对"三农"问题的重视，以及解决问题的决心。

---

① 中国人民银行农村金融服务研究小组. 中国农村金融服务报告 2018 [M]. 北京：中国金融出版社，2019.

表 1　2003—2021 年相关文件及有关"三农"问题的表述

时间	标题	关键信息
2003 年	《中共中央　国务院关于全面推进农村税费改革试点的意见》	农村税费改革是现阶段减轻农民负担的治本之策,不仅有力地促进了农民收入恢复性增长,得到了广大农民群众的衷心拥护,而且带动了农村各项改革,推进了农村经济的持续发展和农村社会的全面进步,是农村工作实践"三个代表"重要思想的具体体现。但也要看到,各地区还不同程度地存在基础工作不扎实,政策宣传不深入,执行政策不到位,配套改革力度不平衡等问题,切实做到"三个确保"和巩固改革成果的任务仍相当艰巨。按照党的十六大以及中央经济工作会议和中央农村工作会议精神,国务院决定,2003 年在进一步总结经验、完善政策的基础上,全面推进农村税费改革试点工作。
2004 年	《中共中央　国务院关于促进农民增加收入若干政策的意见》	当前农业和农村发展中还存在着许多矛盾和问题,突出的是农民增收困难。全国农民人均纯收入连续多年增长缓慢,粮食主产区农民收入增长幅度低于全国平均水平,许多纯农户的收入持续徘徊甚至下降,城乡居民收入差距仍在不断扩大。农民收入长期上不去,不仅影响农民生活水平提高,而且影响粮食生产和农产品供给;不仅制约农村经济发展,而且制约整个国民经济增长;不仅关系农村社会进步,而且关系全面建设小康社会目标的实现;不仅是重大的经济问题,而且是重大的政治问题。全党必须从贯彻"三个代表"重要思想,实现好、维护好、发展好广大农民群众根本利益的高度,进一步增强做好农民增收工作的紧迫感和主动性。 现阶段农民增收困难,是农业和农村内外部环境发生深刻变化的现实反映,也是城乡二元结构长期积累的各种深层次矛盾的集中反映。在农产品市场约束日益增强、农民收入来源日趋多元化的背景下,促进农民增收必须有新思路,采取综合性措施,在发展战略、经济体制、政策措施和工作机制上有一个大的转变。 当前和今后一个时期做好农民增收工作的总体要求是:各级党委和政府要认真贯彻十六大和十六届三中全会精神,牢固树立科学发展观,按照统筹城乡经济社会发展的要求,坚持"多予、少取、放活"的方针,调整农业结构,扩大农民就业,加快科技进步,深化农村改革,增加农业投入,强化对农业支持保护,力争实现农民收入较快增长,尽快扭转城乡居民收入差距不断扩大的趋势。

续表

时间	标题	关键信息
2005 年	《中共中央　国务院关于进一步加强农村工作提高农业综合生产能力若干政策的意见》	2005 年农业和农村工作的总体要求是：认真贯彻党的十六大和十六届三中、四中全会精神，全面落实科学发展观，坚持统筹城乡发展的方略，坚持"多予少取放活"的方针，稳定、完善和强化各项支农政策，切实加强农业综合生产能力建设，继续调整农业和农村经济结构，进一步深化农村改革，努力实现粮食稳定增产、农民持续增收，促进农村经济社会全面发展。 加强农业基础，繁荣农村经济，必须继续采取综合措施。当前和今后一个时期，要把加强农业基础设施建设，加快农业科技进步，提高农业综合生产能力，作为一项重大而紧迫的战略任务，切实抓紧抓好。这既是确保国家粮食安全的物质基础，又是促进农民增收的必要条件；既是解决当前农业发展突出矛盾的迫切需要，又是增强农业发展后劲的战略选择；既是推动农村经济发展的重大举措，又是实现农村社会进步的重要保障。抓住了这个重点，就抓住了农业发展的关键；把握了这个环节，就把握了农业现代化的根本；做好了这项工作，就为农村全面建设小康社会打下了坚实的基础。要进一步调动农民群众务农种粮的积极性和地方政府重农抓粮的积极性，以严格保护耕地为基础，以加强农田水利建设为重点，以推进科技进步为支撑，以健全服务体系为保障，力争经过几年的努力，使农业的物质技术条件明显改善，土地产出率和劳动生产率明显提高，农业综合效益和竞争力明显增强。
2006 年	《中共中央　国务院关于推进社会主义新农村建设的若干意见》	《中共中央关于制定国民经济和社会发展第十一个五年规划的建议》，明确了今后 5 年我国经济社会发展的奋斗目标和行动纲领，提出了建设社会主义新农村的重大历史任务，为做好当前和今后一个时期的"三农"工作指明了方向。 近几年，党中央、国务院以科学发展观统领经济社会发展全局，按照统筹城乡发展的要求，采取了一系列支农惠农的重大政策。各地区各部门认真落实中央部署，切实加强"三农"工作，农业和农村发展出现了积极变化，迎来了新的发展机遇。粮食连续两年较大幅度增产，农业结构调整向纵深推进，农民收入较快增长，农村税费改革取得重大成果，社会事业进一步发展，农村基层组织建设得到加强，干群关系明显改善。农业和农村发展的好形势，对保持国民经济平稳较快增长和社会稳定，发挥了重要的支撑作用。但必须看到，当前农业和农村发展仍然处在艰难的爬坡阶段，农业基础设施薄弱、农村社会事业发展滞后、城乡居民收入差距扩大的矛盾依然突出，解决好"三农"问题仍然是工业化、城镇化进程中重大而艰巨的历史任务。各级党委和政府必须按照党的十六届五中全会的战略部署，始终把"三农"工作放在重中之重，切实把建设社会主义新农村的各项任务落到实处，加快农村全面小康和现代化建设步伐。

时间	标题	关键信息
2007 年	《中共中央 国务院关于积极发展现代农业扎实推进社会主义新农村建设的若干意见》	农业丰则基础强，农民富则国家盛，农村稳则社会安。加强"三农"工作，积极发展现代农业，扎实推进社会主义新农村建设，是全面落实科学发展观、构建社会主义和谐社会的必然要求，是加快社会主义现代化建设的重大任务。 发展现代农业是社会主义新农村建设的首要任务，是以科学发展观统领农村工作的必然要求。推进现代农业建设，顺应我国经济发展的客观趋势，符合当今世界农业发展的一般规律，是促进农民增加收入的基本途径，是提高农业综合生产能力的重要举措，是建设社会主义新农村的产业基础。要用现代物质条件装备农业，用现代科学技术改造农业，用现代产业体系提升农业，用现代经营形式推进农业，用现代发展理念引领农业，用培养新型农民发展农业，提高农业水利化、机械化和信息化水平，提高土地产出率、资源利用率和农业劳动生产率，提高农业素质、效益和竞争力。建设现代农业的过程，就是改造传统农业、不断发展农村生产力的过程，就是转变农业增长方式、促进农业又好又快发展的过程。必须把建设现代农业作为贯穿新农村建设和现代化全过程的一项长期艰巨任务，切实抓紧抓好。 2007 年农业和农村工作的总体要求是：以邓小平理论和"三个代表"重要思想为指导，全面落实科学发展观，坚持把解决好"三农"问题作为全党工作的重中之重，统筹城乡经济社会发展，实行工业反哺农业、城市支持农村和多予少取放活的方针，巩固、完善、加强支农惠农政策，切实加大农业投入，积极推进现代农业建设，强化农村公共服务，深化农村综合改革，促进粮食稳定发展、农民持续增收、农村更加和谐，确保新农村建设取得新的进展，巩固和发展农业农村的好形势。

时间	标题	关键信息
2009 年	《中共中央　国务院关于 2009 年促进农业稳定发展农民持续增收的若干意见》	做好 2009 年农业农村工作,具有特殊重要的意义。扩大国内需求,最大潜力在农村;实现经济平稳较快发展,基础支撑在农业;保障和改善民生,重点难点在农民。2009 年农业农村工作的总体要求是:全面贯彻党的十七大、十七届三中全会和中央经济工作会议精神,高举中国特色社会主义伟大旗帜,以邓小平理论和"三个代表"重要思想为指导,深入贯彻落实科学发展观,把保持农业农村经济平稳较快发展作为首要任务,围绕稳粮、增收、强基础、重民生,进一步强化惠农政策,增强科技支撑,加大投入力度,优化产业结构,推进改革创新,千方百计保证国家粮食安全和主要农产品有效供给,千方百计促进农民收入持续增长,为经济社会又好又快发展继续提供有力保障。
2010 年	《中共中央　国务院关于加大统筹城乡发展力度进一步夯实农业农村发展基础的若干意见》	当前,我国农业的开放度不断提高,城乡经济的关联度显著增强,气候变化对农业生产的影响日益加大,农业农村发展的有利条件和积极因素在积累增多,各种传统和非传统的挑战也在叠加凸显。面对复杂多变的发展环境,促进农业生产上新台阶的制约越来越多,保持农民收入较快增长的难度越来越大,转变农业发展方式的要求越来越高,破除城乡二元结构的任务越来越重。全党务必居安思危,切实防止忽视和放松"三农"工作的倾向,努力确保粮食生产不滑坡、农民收入不徘徊、农村发展好势头不逆转。必须不断深化把解决好"三农"问题作为全党工作重中之重的基本认识,稳定和完善党在农村的基本政策,突出强化农业农村的基础设施,建立健全农业社会化服务的基层体系,大力加强农村以党组织为核心的基层组织,夯实打牢农业农村发展基础,协调推进工业化、城镇化和农业现代化,努力形成城乡经济社会发展一体化新格局。 2010 年农业农村工作的总体要求是:全面贯彻党的十七大和十七届三中、四中全会以及中央经济工作会议精神,高举中国特色社会主义伟大旗帜,以邓小平理论和"三个代表"重要思想为指导,深入贯彻落实科学发展观,把统筹城乡发展作为全面建设小康社会的根本要求,把改善农村民生作为调整国民收入分配格局的重要内容,把扩大农村需求作为拉动内需的关键举措,把发展现代农业作为转变经济发展方式的重大任务,把建设社会主义新农村和推进城镇化作为保持经济平稳较快发展的持久动力,按照稳粮保供给、增收惠民生、改革促统筹、强基础后劲的基本思路,毫不松懈地抓好农业农村工作,继续为改革发展稳定大局作出新的贡献。

续表

时间	标题	关键信息
2011 年	《中共中央　国务院关于加快水利改革发展的决定》	水是生命之源、生产之要、生态之基。兴水利、除水害，事关人类生存、经济发展、社会进步，历来是治国安邦的大事。促进经济长期平稳较快发展和社会和谐稳定，夺取全面建设小康社会新胜利，必须下决心加快水利发展，切实增强水利支撑保障能力，实现水资源可持续利用。近年来我国频繁发生的严重水旱灾害，造成重大生命财产损失，暴露出农田水利等基础设施十分薄弱，必须大力加强水利建设。
2012 年	《关于加快推进农业科技创新持续增强农产品供给保障能力的若干意见》	实现农业持续稳定发展、长期确保农产品有效供给，根本出路在科技。农业科技是确保国家粮食安全的基础支撑，是突破资源环境约束的必然选择，是加快现代农业建设的决定力量，具有显著的公共性、基础性、社会性。必须紧紧抓住世界科技革命方兴未艾的历史机遇，坚持科教兴农战略，把农业科技摆上更加突出的位置，下决心突破体制机制障碍，大幅度增加农业科技投入，推动农业科技跨越发展，为农业增产、农民增收、农村繁荣注入强劲动力。 2012 年农业农村工作的总体要求是：全面贯彻党的十七大和十七届三中、四中、五中、六中全会以及中央经济工作会议精神，高举中国特色社会主义伟大旗帜，以邓小平理论和"三个代表"重要思想为指导，深入贯彻落实科学发展观，同步推进工业化、城镇化和农业现代化，围绕强科技保发展、强生产保供给、强民生保稳定，进一步加大强农惠农富农政策力度，奋力夺取农业好收成，合力促进农民较快增收，努力维护农村社会和谐稳定。
2013 年	《关于加快发展现代农业　进一步增强农村发展活力的若干意见》	全面贯彻落实党的十八大精神，坚定不移沿着中国特色社会主义道路前进，为全面建成小康社会而奋斗，必须固本强基，始终把解决好农业农村农民问题作为全党工作重中之重，把城乡发展一体化作为解决"三农"问题的根本途径；必须统筹协调，促进工业化、信息化、城镇化、农业现代化同步发展，着力强化现代农业基础支撑，深入推进社会主义新农村建设。 2013 年农业农村工作的总体要求是：全面贯彻党的十八大精神，以邓小平理论、"三个代表"重要思想、科学发展观为指导，落实"四化同步"的战略部署，按照保供增收惠民生、改革创新添活力的工作目标，加大农村改革力度、政策扶持力度、科技驱动力度，围绕现代农业建设，充分发挥农村基本经营制度的优越性，着力构建集约化、专业化、组织化、社会化相结合的新型农业经营体系，进一步解放和发展农村社会生产力，巩固和发展农业农村大好形势。

时间	标题	关键信息
2014 年	《中共中央 国务院关于全面深化农村改革加快推进农业现代化的若干意见》	我国经济社会发展正处在转型期，农村改革发展面临的环境更加复杂、困难挑战增多。工业化信息化城镇化快速发展对同步推进农业现代化的要求更为紧迫，保障粮食等重要农产品供给与资源环境承载能力的矛盾日益尖锐，经济社会结构深刻变化对创新农村社会管理提出了亟待破解的课题。必须全面贯彻落实党的十八大和十八届三中全会精神，进一步解放思想，稳中求进，改革创新，坚决破除体制机制弊端，坚持农业基础地位不动摇，加快推进农业现代化。 全面深化农村改革，要坚持社会主义市场经济改革方向，处理好政府和市场的关系，激发农村经济社会活力；要鼓励探索创新，在明确底线的前提下，支持地方先行先试，尊重农民群众实践创造；要因地制宜、循序渐进，不搞"一刀切"、不追求一步到位，允许采取差异性、过渡性的制度和政策安排；要城乡统筹联动，赋予农民更多财产权利，推进城乡要素平等交换和公共资源均衡配置，让农民平等参与现代化进程、共同分享现代化成果。 推进中国特色农业现代化，要始终把改革作为根本动力，立足国情农情，顺应时代要求，坚持家庭经营为基础与多种经营形式共同发展，传统精耕细作与现代物质技术装备相辅相成，实现高产高效与资源生态永续利用协调兼顾，加强政府支持保护与发挥市场配置资源决定性作用功能互补。要以解决好地怎么种为导向加快构建新型农业经营体系，以解决好地少水缺的资源环境约束为导向深入推进农业发展方式转变，以满足吃得好吃得安全为导向大力发展优质安全农产品，努力走出一条生产技术先进、经营规模适度、市场竞争力强、生态环境可持续的中国特色新型农业现代化道路。

续表

时间	标题	关键信息
2015 年	《中共中央 国务院关于加大改革创新力度加快农业现代化建设的若干意见》	当前，我国经济发展进入新常态，正从高速增长转向中高速增长，如何在经济增速放缓背景下继续强化农业基础地位、促进农民持续增收，是必须破解的一个重大课题。国内农业生产成本快速攀升，大宗农产品价格普遍高于国际市场，如何在"双重挤压"下创新农业支持保护政策、提高农业竞争力，是必须面对的一个重大考验。我国农业资源短缺，开发过度、污染加重，如何在资源环境硬约束下保障农产品有效供给和质量安全、提升农业可持续发展能力，是必须应对的一个重大挑战。城乡资源要素流动加速，城乡互动联系增强，如何在城镇化深入发展背景下加快新农村建设步伐、实现城乡共同繁荣，是必须解决好的一个重大问题。破解这些难题，是今后一个时期"三农"工作的重大任务。必须始终坚持把解决好"三农"问题作为全党工作的重中之重，靠改革添动力，以法治作保障，加快推进中国特色农业现代化。
2016 年	《中共中央 国务院关于落实发展新理念 加快农业现代化实现全面小康目标的若干意见》	"十二五"时期，是农业农村发展的又一个黄金期。粮食连年高位增产，实现了农业综合生产能力质的飞跃；农民收入持续较快增长，扭转了城乡居民收入差距扩大的态势；农村基础设施和公共服务明显改善，提高了农民群众的民生保障水平；农村社会和谐稳定，夯实了党在农村的执政基础。实践证明，党的"三农"政策是完全正确的，亿万农民是衷心拥护的。 当前，我国农业农村发展环境发生重大变化，既面临诸多有利条件，又必须加快破解各种难题。一方面，加快补齐农业农村短板成为全党共识，为开创"三农"工作新局面汇聚强大推动力；新型城镇化加快推进，为以工促农、以城带乡带来持续牵引力；城乡居民消费结构加快升级，为拓展农业农村发展空间增添巨大带动力；新一轮科技革命和产业变革正在孕育兴起，为农业转型升级注入强劲驱动力；农村各项改革全面展开，为农业农村现代化提供不竭源动力。另一方面，在经济发展新常态背景下，如何促进农民收入稳定较快增长，加快缩小城乡差距，确保如期实现全面小康，是必须完成的历史任务；在资源环境约束趋紧背景下，如何加快转变农业发展方式，确保粮食等重要农产品有效供给，实现绿色发展和资源永续利用，是必须破解的现实难题；在受国际农产品市场影响加深背景下，如何统筹利用国际国内两个市场、两种资源，提升我国农业竞争力，赢得参与国际市场竞争的主动权，是必须应对的重大挑战。农业是全面建成小康社会、实现现代化的基础。

时间	标题	关键信息
2017 年	《中共中央 国务院关于深入推进农业供给侧结构性改革 加快培育农业农村发展新动能的若干意见》	农业的主要矛盾由总量不足转变为结构性矛盾，突出表现为阶段性供过于求和供给不足并存，矛盾的主要方面在供给侧。近几年，我国在农业转方式、调结构、促改革等方面进行积极探索，为进一步推进农业转型升级打下一定基础，但农产品供求结构失衡、要素配置不合理、资源环境压力大、农民收入持续增长乏力等问题仍然很突出，增加产量与提升品质、成本攀升与价格低迷、库存高企与销售不畅、小生产与大市场、国内外价格倒挂等矛盾亟待破解。必须顺应新形势新要求，坚持问题导向，调整工作重心，深入推进农业供给侧结构性改革，加快培育农业农村发展新动能，开创农业现代化建设新局面。推进农业供给侧结构性改革，要在确保国家粮食安全的基础上，紧紧围绕市场需求变化，以增加农民收入、保障有效供给为主要目标，以提高农业供给质量为主攻方向，以体制改革和机制创新为根本途径，优化农业产业体系、生产体系、经营体系，提高土地产出率、资源利用率、劳动生产率，促进农业农村发展由过度依赖资源消耗、主要满足量的需求，向追求绿色生态可持续、更加注重满足质的需求转变。
2018 年	《中共中央 国务院关于实施乡村振兴战略的意见》	实施乡村振兴战略，是党的十九大作出的重大决策部署，是决胜全面建成小康社会、全面建设社会主义现代化国家的重大历史任务，是新时代"三农"工作的总抓手。 农业农村农民问题是关系国计民生的根本性问题。没有农业农村的现代化，就没有国家的现代化。当前，我国发展不平衡不充分问题在乡村最为突出，主要表现在：农产品阶段性供过于求和供给不足并存，农业供给质量亟待提高；农民适应生产力发展和市场竞争的能力不足，新型职业农民队伍建设亟须加强；农村基础设施和民生领域欠账较多，农村环境和生态问题比较突出，乡村发展整体水平亟待提升；国家支农体系相对薄弱，农村金融改革任务繁重，城乡之间要素合理流动机制亟待健全；农村基层党建存在薄弱环节，乡村治理体系和治理能力亟待强化。实施乡村振兴战略，是解决人民日益增长的美好生活需要和不平衡不充分的发展之间矛盾的必然要求，是实现"两个一百年"奋斗目标的必然要求，是实现全体人民共同富裕的必然要求。

续表

时间	标题	关键信息
2019 年	《中共中央 国务院关于坚持农业农村优先发展做好"三农"工作的若干意见》	今明两年是全面建成小康社会的决胜期,"三农"领域有不少必须完成的硬任务。党中央认为,在经济下行压力加大、外部环境发生深刻变化的复杂形势下,做好"三农"工作具有特殊重要性。必须坚持把解决好"三农"问题作为全党工作重中之重不动摇,进一步统一思想、坚定信心、落实工作,巩固发展农业农村好形势,发挥"三农"压舱石作用,为有效应对各种风险挑战赢得主动,为确保经济持续健康发展和社会大局稳定、如期实现第一个百年奋斗目标奠定基础。 做好"三农"工作,要以习近平新时代中国特色社会主义思想为指导,全面贯彻党的十九大和十九届二中、三中全会以及中央经济工作会议精神,紧紧围绕统筹推进"五位一体"总体布局和协调推进"四个全面"战略布局,牢牢把握稳中求进工作总基调,落实高质量发展要求,坚持农业农村优先发展总方针,以实施乡村振兴战略为总抓手,对标全面建成小康社会"三农"工作必须完成的硬任务,适应国内外复杂形势变化对农村改革发展提出的新要求,抓重点、补短板、强基础,围绕"巩固、增强、提升、畅通"深化农业供给侧结构性改革,坚决打赢脱贫攻坚战,充分发挥农村基层党组织战斗堡垒作用,全面推进乡村振兴,确保顺利完成到 2020 年承诺的农村改革发展目标任务。
2020 年	《中共中央 国务院关于抓好"三农"领域重点工作确保如期实现全面小康的意见》	2020 年是全面建成小康社会目标实现之年,是全面打赢脱贫攻坚战收官之年。党中央认为,完成上述两大目标任务,脱贫攻坚最后堡垒必须攻克,全面小康"三农"领域突出短板必须补上。小康不小康,关键看老乡。脱贫攻坚质量怎么样、小康成色如何,很大程度上要看"三农"工作成效。全党务必深刻认识做好 2020 年"三农"工作的特殊重要性,毫不松懈,持续加力,坚决夺取第一个百年奋斗目标的全面胜利。 做好 2020 年"三农"工作总的要求是,坚持以习近平新时代中国特色社会主义思想为指导,全面贯彻党的十九大和十九届二中、三中、四中全会精神,贯彻落实中央经济工作会议精神,对标全面建成小康社会目标,强化举措、狠抓落实,集中力量完成打赢脱贫攻坚战和补上全面小康"三农"领域突出短板两大重点任务,持续抓好农业稳产保供和农民增收,推进农业高质量发展,保持农村社会和谐稳定,提升农民群众获得感、幸福感、安全感,确保脱贫攻坚战圆满收官,确保农村同步全面建成小康社会。

时间	标题	关键信息
2021 年	《中共中央 国务院关于全面推进乡村振兴加快农业农村现代化的意见》	"十四五"时期，是乘势而上开启全面建设社会主义现代化国家新征程、向第二个百年奋斗目标进军的第一个五年。解决好发展不平衡不充分的问题，重点难点在"三农"，迫切需要补齐农业农村短板弱项，推动城乡协调发展；构建新发展格局，潜力后劲在"三农"，迫切需要扩大农村需求，畅通城乡经济循环；应对国内外各种风险挑战，基础支撑在"三农"，迫切需要稳住农业基本盘，守好"三农"基础。党中央认为，新发展阶段"三农"工作依然极端重要，须臾不可放松，务必抓紧抓实。要坚持把解决好"三农"问题作为全党工作重中之重，把全面推进乡村振兴作为实现中华民族伟大复兴的一项重大任务，举全党全社会之力加快农业农村现代化，让广大农民过上更加美好的生活。

资料来源：中国农业新闻网、新华网。

开展农村合作金融研究具有重要的现实意义。2021 年中央一号文件《中共中央 国务院关于全面推进乡村振兴加快农业农村现代化的意见》明确提出"稳妥规范开展农民合作社内部信用合作试点"。发展农村合作金融是深入贯彻落实以习近平同志为核心的党中央提出的实现乡村振兴战略的重要体现，有利于实现金融精准扶贫力度不断加大、金融支农资源不断增加、农村金融服务持续改善等目标，把更多的金融资源配置到农村重点领域和薄弱环节，更好满足乡村振兴多样化、多层次的金融需求。因此，农村合作金融在我国经济发展和金融体系改革中承担着重要职责和使命，也是我国农村金融改革目标的重要组成部分，需要高度重视和重点支持。信用互助作为农村合作金融的创新型模式和典型机制，既是重塑合作金融体系的创新尝试，也是破解农村融资难题的重要举措。因此，开展对典型地区的农民信用互助、资金互助等多种合作金融组织实践探索的研究，对于深化我国农村金融的供给侧结构性改革、实现农业现代化具有深远的现实意义。此外，开展农村合作金融研究对于推动金融发展理论在我国的发展具有学术研究价值。在理论方面，要对农村合作金融组建方式、农村合作金融组织如何实现可持续发展、农村合作金融如何提振农村经济、如何助力乡村振兴、如何解决农民增收等问题进行阐述，客观上起到了推动金融发展理论、金融深化理论发展的效果。

新中国成立以后，我国对农村合作金融理论和实践的探索从未止步，取得了一定成绩，但也出现了合作金融商业化转型发展的异化现象，导致合作金融背离发展初衷，达不到预定目标，不利于我国农村金融体系的长久健康发展。例如，政府主导型特征的农信社经过几轮改革发展，最终放弃了合作金融属性，向商业性银行发展。目前，已经有部分省份彻底完成农信社向农商行的升级。目前，围绕我国农村合作金融展开的研究不够深入，成果较少，质量不高，本书希望通过对农村合作金融开展多层次研究，弥补合作金融基础性研究的不足，尝试做到从具体合作金融组织案例中发现问题，在理论中找到依据，进而指导实践。农村合作金融在金融体系中所发挥的功能不容小觑。

一是为"三农""小微企业"提供融资便利，缓解了融资难问题。加快农村发展需要政策的扶持、科技的支持和投入的增加。不同发展阶段，加大农村投入的方式和渠道有所区别，小农经济时期，增加农村的投入主要依靠农民自身积累；计划经济时期，主要依靠政府追加资金的投入；市场经济阶段，主要通过市场渠道募集资金，加大农业投入。现阶段，市场渠道融资成为加大农村投入的最主要方式，但农民自身积累和政府的资金投入依然发挥着作用。利用农民自身积累加大投入的效果和力度取决于两方面因素：经济来源和积累时间。一方面，在农民日常生产生活活动中，只有当收益覆盖成本之后，仍有结余，才具备自身积累的可能。对于那些勉强依靠自身力量解决温饱的农民而言，依靠自身积累加大投入的可能性微乎其微。另一方面，形成积累需要时间。如果积累所需的时间过长，短时间内不能达到现代化农业生产所需要的资金要求，那么就说明单纯依靠农民自身积累的投入方式并不可行。政府在农村地区的投入分为扶贫投入和发展投入。扶贫投入旨在解决贫困地区、贫困人口的温饱和基本生活问题；发展投入旨在支援农村地区的经济发展，通过带有政策意图的方式投入农村基础设施、农业生产的具体项目建设中，以拉动经济发展。由此可见，单纯的农民自身积累和政府投入的方式都存在局限性，无法解决现代化、规模化农业发展中遇到的资金瓶颈。为了满足农业发展资金需求，弥补资金缺口，需要拓宽市场化融资渠道，丰富融资模式。农村合作金融组织能够将成员手中的闲置资金集中起来，形成合力，为区域内成员提供资金支持，服务当地农业产业发展，助力农村经济发展。

二是降低了"三农""小微企业"使用资金的成本，缓解了融资贵问题。根据西方国家合作金融发展经验，合作金融产生的最初动机并不是单纯为了满足融资需要，而是通过弱势群体之间的联合互助降低融资成本。

近年来，我国涉农直接融资渠道进一步多元化，证监会以制度创新为动力，发挥证券期货行业优势，加大直接融资支持力度，不断丰富农产品期货期权品种体系；银行间债券市场结合涉农企业自身特点及其多样化融资需求进行产品创新，推动培育农业农村多元投入格局。截至2018年末，累计有257家涉农企业（包括农林牧渔业、农产品加工业）在银行间债券市场发行1553只、1.47万亿元债务融资工具，品种包括中期票据、短期融资券、超短期融资券、定向债务融资工具等多种产品。2017—2018年，涉农企业发行公司债券14只，融资80.5亿元。截至2018年末，在中国证券投资基金业协会备案的存续私募基金中，在投项目涉及农、牧、渔行业的私募基金1175只，基金规模5293.93亿元，在投项目数量1550个，在投本金806.23亿元。① 即便这样，也依然难以完全解决"三农""小微企业"融资成本较高的问题。农村资金需求者难以在正规金融机构获得低成本资金的原因包括以下方面：正规金融机构向农村地区下沉力度不够，导致农村资金需求者在办理贷款时要奔走于农村和乡镇之间，消耗了时间成本；农村资金需求者向正规金融机构申请资金援助时往往缺乏抵押担保物，导致获得资金成本较高；农民作为弱势群体，有可能存在掌握信息较少，政策领会不透彻，已有政策运用不充分等问题，导致融资难度加大、成本提高。彻底解决"三农""小微企业"融资贵问题需要国家调动商业性资源、政策性资源，多措并举，形成合力。发展农村合作组织，通过合作金融健全补充农村金融市场也是题中之义。通过发展农村合作金融组织缓解融资贵的问题，原理在于：首先，在"熟人社会"理论指导下，合作金融组织通常设置在行政村或乡镇，主要为合作组织内部成员提供金融服务，降低了沟通成本和信用风险，带有互助性质的资金通常获得成本较低。其次，在我国目前存在的几类合作组织中，仅有一类持有金融牌照，属于正规金融范畴，其他的几类多为民间自发，建立在熟人社会关系上。如果难以保障资金安全，借款人出现借钱不还的现象，将严重影响其在熟人社会的口碑和评价，这种联保的形式在一定程度上保障了互助资金的安全和收益，使得满足贷款条件农户的贷款成本降低。

---

① 中国人民银行农村金融服务研究小组. 中国农村金融服务报告2018 [M]. 北京：中国金融出版社，2019.

二、中国农村合作金融发展历程及评述

1866 年，德国人雷法巽在著作《当作农民救济手段看的信用合作》中首次提出 "农村信用合作" 制度，并提倡开展农村信用合作社运动。农村合作金融在国际上经历了百余年的发展。国外经验表明，发展合作金融具有积极作用，通过互助合作的形式，将分散的农户联系起来，有利于解决农业生产中遇到的资金短缺问题，提高专业化组织程度，改善农村金融服务，优化金融生态环境。结合国际经验，农村合作金融通常遵循以下基本原则：一是合作的目的是开展资金互助，社员在追求物质利益的同时，要表现出博爱精神。二是坚持封闭性原则，即社员均为来自特定农村区域的农民，按照经济实力缴纳股金，自愿确定出资额度，非社员不能享受金融服务。三是坚持民主管理原则，实行一人一票的基础上，可考虑通过加大出资额度追加投票权，且社员所借款项必须用于农业生产，不得挪为他用。本文下面将对合作金融机构（组织）在正规农村金融体系和非正规农村金融体系中的发展历程、发展现状、发展趋势进行介绍和评述。

（一）合作金融机构在正规农村金融体系中 "去合作化"

经研究并梳理，出现在我国正规农村金融体系中的合作性质的金融机构或组织的典型代表包括农村信用合作社、银监会批准设立的农村资金互助社。这两类出现在正规金融体系中的合作金融机构（组织）具有强烈的政府主导型特征。

1. 农村信用合作社偏离合作初衷

在我国，农村信用合作社（以下简称农信社）是由政府主导的正规农村金融合作组织。新中国成立以来，政府在不同历史时期承担的历史任务具有阶段性特征，农信社作为政府主导推动发展的金融组织在发展过程中也呈现出不同特点。

①新中国成立后农信社发展的几个重要阶段

1949 年新中国成立至 1958 年：全国普及，基本实现 "一乡一社"。新中国成立初期，政府依据西方古典式信用互助模式，在全国范围推动组建农村信用社。1951 年，中国人民银行印发《农村信用社章程准则（草案）》和《农村信用互助小组公约（草案）》，引导农信社规范发展，鼓励开展信用互助合作，有效解决了农民小额而分散的生产融资难问题，初步实现农户间资金互助，打击了高利贷等扰乱社会经济秩序的不法行为，获得广大农民群众好评。这一阶段，农信社在坚持自愿、民办、民主管理、利率相对灵活的前提下，经过典型试办逐步得到推广，迎来了快速发展时期。截至 1956 年底，全国范围组建农信社数量达到 10.3 万个，吸收农民存款 4.32 亿元，发放贷款 10 亿元，基本实现全国范围内"一乡一社"。

1959 年至 1980 年：在计划经济体制下，农信社合作金融性质得到弱化。1959—1980 年，发动人民公社"共有化"运动，政府承担了建立并巩固计划经济体制的历史任务。此时，政府将农信社的管理权下放至生产大队或者贫下中农，弱化了其合作金融组织属性，明确农信社既是集体经济组织，又是银行体系在农村的基层机构。此时，政府为了推动建立高度集中的计划经济体制，农信社已被转化为建设和巩固计划经济体制的工具，金融机构基本功能日益丧失，合作金融属性逐渐淡化，成为公有制经济的组成部分。

1980 年至 2002 年：为规范农信社发展，恢复"三性"原则。20 世纪 80 年代到 21 世纪初，我国经济发展完成了计划经济向商品经济的过渡，并经历了探索建立、完善社会主义市场经济体制的阶段。随着改革开放的深入推进，打破传统僵硬的计划经济体制束缚已经成为必然，我国政府以经济建设为中心，加强推动农村经济发展。在改革形势驱动下，为了满足农村金融发展需要，扩大涉农服务覆盖范围，政府逐步按照"群众性、民主性、灵活性"原则，以及规范农村合作金融发展的思路，主导推动农信社改革。1996 年，国务院提出，按照合作金融原则，将农信社改革为由农民入股、社员民主管理，主要为社员提供服务的合作金融组织。同时，与中国农业银行脱离行政隶属关系。恢复农信社的合作金融组织属性，能够吸收最广大农民入股，突出农民在经营管理决策中的作为，真正实现民主管理，以满足农民的资金互助需求。改革还涉及，中国人民银行作为农村合作金融的监管机构，对农信社实施行业管理和金融监管；组建地（市）级联社和省联社。经过改革，农信社合作金融属性得到再次明确，网点普及，资金充盈，支农功能得以充分发挥。

2003 年至今：脱离合作制初衷，向商业化转变。根据国务院部署，2003 年，银监会将接替人民银行履行对农信社的依法管理职能、金融监管职能、行业管理职能。由于三种职能的履职手段、目标、要求存在较大差异，由同一监管主体同时履行必将造成监管效率低下，缺乏监督制衡机制甚至职能冲突的局面，对农信社自身发展和服务"三农"功能造成不利影响。据统计，2002年，全国农信社不良贷款比例接近37%，资本充足率低至-9%，资不抵债现象严重，在技术层面已经被认定为破产。基于此，2003年，我国政府启动新一轮农信社改革。依据"明晰产权关系、强化约束机制、增强服务功能、国家适当扶持、地方政府负责"的要求，改革内容包括以下方面：保持农信社县（市）级法人地位的长期总体稳定；建立以法人为单位的产权制度；建立正向激励机制；省政府负责对农信社实施管理。改革初期，各地结合辖内实际，积极落实改革任务，通过自主选择产权制度和组织形式，形成了产权制度多元化、组织形式多样化的局面。但由于我国农信社长期存在法人治理结构不健全，委托代理问题严重，即便采取了多元化的产权制度、多样化的组织形式，也依然偏离了合作金融的发展目标，趋同于商业化运作。在此背景下，2012年，银监会提出将全国农信社升级改制为农商行的目标。由此，农信社纷纷施行股份制改造，走向商业化经营道路。

农信社在历经十年改革中出现的"合作化"向"商业性"转变是历史发展和制度设计的必然。新中国成立以来，农信社在政府主导推动下曾在不同历史时期发挥重要作用，但最终逐步转变为政府实现利益目标的工具，转型升级为农村商业银行。

②农信社背离合作初衷的原因①

探究农信社背离合作制设计初衷，最终走向商业化运营的原因对于落实2021年中央一号文件"稳妥规范开展农民合作社内部信用合作试点"的指示具有重要意义。究其原因，可以总结为以下几点：

一是农信社带有强烈的政府主导特征，导致其在改革发展过程中并未坚守合作金融理念。例如，为了巩固计划经济体制，在政府主导推动下，将农信社管理权下放，明确农信社兼具集体经济组织和商业银行基层机构性质，合作金融属性日益淡化，转变为公有制经济的一部分。直到1996年，国务院为规范农信社发展，恢复其"群众性、民主性、灵活性"三性原则，才脱离与中国农业银行的行政隶属关系，再次被明确为按照合作金融原则，主要为社员提供服务的合作金融组织。

---

① 汪小亚，等. 新型农村合作金融组织案例研究［M］. 北京：中国金融出版社，2016.

二是农信社的经营区域已经蔓延到合作金融理论中"熟人社会"之外。农信社作为政府实现特定政策目标的工具和手段，在不同时期所承担的角色和任务不同。由于单纯追求政策效果，缺乏相应约束，农信社早已经将经营区域扩展到"熟人社会"之外。如前文所述，合作金融的理论基础之一就是"熟人社会"理论，即费孝通先生提出的"熟人社会"就是"小圈子"社会，没有陌生人的社会。计划经济时期，农信社的合作金融特征几乎不复存在，经营地域从行政村（或生产大队）扩大到乡镇，甚至到县（市），远远突破了"没有陌生人社会"的风险筛选功能的作用范围，引发内部人控制等一系列问题的出现。

三是农信社在社会经济体制不同时期成为政府达成特定目标的工具。例如，新中国成立初期，为了完成社会主义改造，满足小农经济发展需要，政府推行合作化运动，鼓励开展信用合作、供销合作、生产合作。在这场合作化运动中，政府对农信社采取了强制入社、提升合作社层级等措施，加速完成社会主义改造过程中，忽略了农民对于合作互助金融的需要。计划经济时期，政府为了巩固社会主义计划经济体制，于1958年"大跃进"运动进入高潮时提出"一大二公"。"一大二公"是人民公社化运动两个特点的简称，即人民公社规模大，公有化程度高。为了达到巩固计划经济体制的任务，政府不惜改变农信社合作金融性质，将其定位为集体经济组织性质，进而成为公有制经济的一部分。进入市场经济时期后，为了实现政府和农民群体的互利共赢，又将合作金融因素移植到计划经济时期的农信社组织结构内。这种政府主导的做法无法满足农民内生的资金互助需要，违背了合作金融原则。

四是农信社在资金来源、资金投放等经营环节都存在偏离合作金融基本原则的现象。在资金来源方面，农信社的资金构成不仅包括社员投入的股本金，还包括需要提前支付固定利息的存款资金，违背了不对外吸储、不支付固定回报的合作原则。在资金投放环节，农信社不仅为社员提供金融服务，还为非社员提供资金服务，仅在贷款额度和利率优惠方面存在区别，这违背了封闭性运行和不对外放贷的合作原则。违背合作原则运行的情况不是个案，在实践层面，农信社为了获得更多收益，都突破了封闭运行原则，将非社员纳入服务范围。此外，为了提高社员参与的积极性，并在资金互助过程中获得更多的盈余，农信社对股本金和互助金均支付了固定回报。农信社在对股本金和存款资金（互助金）支付固定收益的同时，为了稳定资产质量，防控风险，必然采取商业化措施，效仿商业银行的风险控制措施，例如，提高抵押担保门槛等。此类抬高资金获取门槛的做法，使得合作社内实力较弱的社员无法获得资金，有悖于合作金融原则。

五是法人治理结构不健全弱化了农信社的合作金融属性。法人治理结构是否健全直接影响到股东能够凭借股本金行使投票权实现自身利益最大化的问题。农信社社员通过投入股本金，获得了投票权，也存在法人治理的结构问题，即社员能否顺利行使投票权从而影响农信社运行实现自身利益最大化的问题。目前，由于农信社的股东绝大部分是农民，催生了诸如农民行使股东权力能力不足、缺乏参与投票决策积极性、股本金真实性差、股权分散程度高等一系列现实问题。理论上，农信社作为合作性质的金融组织，根据合作金融运行原则，社员通过入股方式实现资金互助，农信社不需要针对股金支付固定回报。在实际操作层面上，为了稳定股本金，吸引社员入股，农信社针对股本金支付固定回报的现象大量存在，这种做法一方面违背了合作金融原则，另一方面导致股本金存款化趋势严重。对股本金支付固定回报的做法，影响了股本金的真实性，社员短期内不再期待股本金分红，而是片面追求股本金带来的固定回报，即使农信社经营绩效不好，也不会影响社员的短期经济利益，导致社员股东缺乏行使股东权力的积极性。前文提到，在政府的主导下，农信社经营的地域范围不断扩大，已经由最初的行政村扩展到县（市）。股东人数增加，且突破了"熟人社会"范围，通常经营范围扩展到县的农信社社员股东数量能达到十几万，股权分散程度较高。可见，股东主体文化程度不高、经营管理意愿不强、股权分散等原因也导致了股东行使权力的能力欠缺，且积极性不高，资金互助目标难以真正实现。

六是内部人控制严重，影响资金互助目标实现。农信社的股东包括社员股东和管理人员股东。组建之初，农信社的股东普遍都是社员股东，但随着农信社经营业务范围扩大，需要精细化的管理和专业的管理团队，此时出现了管理人员股东。"内部人"并非指广大农民社员股东，而是指管理人员股东。管理人员股东是专职工作人员，负责资金互助业务的组织和实施，农信社的经营业绩与管理人员股东的收入水平、工作稳定程度直接挂钩。同社员股东一样，管理人员股东也追求农信社利益最大化，从而实现自身利益最大化。按照合作制原则，管理人员股东（即内部人）与社员股东都按照一人一票的原则参与农信社重大经营决策。相较于广大农民社员股东，管理人员股东长期从事经营管理工作，文化水平高，具有较高的专业知识储备和管理经验，容易对广大社员股东的投票决策产生影响，出现内部人控制问题，可能导致资金互助目标无法实现。

③农信社"去合作化"对中国农村合作金融发展的启示

新中国成立之后，农信社的发展改革贯穿我国社会经济不同时期，随着改制进度加速，农信社彻底实现了商业化改造，转型为农商行，放弃了合作制初衷。农信社的"去合作化"过程给中国农村合作金融发展带来了一些启示。

尽管2007年《农民专业合作社法》已经实施，但从农村合作金融的发展现状看，我国仍然处于合作金融发展的初级阶段。应积极鼓励，正确引导，为中国农村金融发展创造良好的政策环境。首先，发展农村合作金融应恪守合作制基本原则。合作金融基本原则包括封闭性原则、民主性原则、不吸储放贷原则、不支付固定回报原则等。从农信社改革发展的几个历史阶段看，为实现政府不同时期的目标，都出现过不同程度打破合作制基本原则的经营活动和做法，在政府的推动下，商业化趋势明显。例如，农信社在为社员提供金融服务的同时，也将非社员纳入服务范围的做法，违背了社员封闭性原则。为了稳定互助资金来源，对投入股本金的社员给予固定回报的做法，违背了不支付固定回报原则。其次，依据熟人社会理论，对农村合作金融组织的经营地域加以限制。为了防范合作金融风险，提高信息对称程度，农村合作金融组织需要将经营范围限定在"熟人社会"之内。"熟人社会"范围一旦突破，合作金融风险将不可控，务必引入商业银行风险控制方法，导致合作金融属性淡化。此外，"熟人社会"的限制能够规避"内部人控制"，防止背离合作金融目标避免问题出现。

此外，明确政府在合作金融发展中的作用，避免过度干预。在农信社"去合作化"过程中，政府的主导推动作用十分明显。为了避免新型农村合作金融机构在发展过程中重蹈覆辙，政府应遵循合作金融发展原则，尽力打造良好环境，加强外部监管，在充分尊重农村合作金融组织自主管理经营的前提下，帮助其解决发展中遇到的困难，引导其健康发展。

2. 经监管部门批设的农村资金互助社终被叫停

2006年底，银监会发布《关于调整放宽农村地区银行业金融机构准入政策的若干意见》，在准入资本范围、注册资本限额，投资人资格、业务准入、高级管理人员准入资格、行政审批、公司治理等方面均有所突破。意见体现了两大放开，除了对所有社会资本放开外，还对所有金融机构放开。对金融机构放开的具体做法是，在新设三类银行业金融机构提高覆盖面的同时，还增强农村信用社、农村银行机构和商业银行三类现有银行业金融机构的服务功能，所有银行业金融机构，特别是大型商业银行有责任、有义务到农村地区设立分支机构，通过各种形式向农村地区提供金融服务。[①]放开农村金融市场的金融机构准入，引入村镇银行、贷款公司、农村资金互助社，这标志着新一轮对农村金融机构的探索正式启动，为农村资金互助社的组建提供了政策依据。

2007 年 1 月，银监会发布《农村资金互助社管理暂行规定》，明确提出"农村资金互助社是指经银行业监督管理机构批准，由乡（镇）、行政村农民和农村小企业自愿入股组成，为社员提供存款、贷款、结算等业务的社区互助性银行业金融机构。农村资金互助社实行社员民主管理，以服务社员为宗旨，谋求社员共同利益。农村资金互助社是独立的企业法人，对由社员股金、积累及合法取得的其他资产所形成的法人财产，享有占有、使用、收益和处分的权利，并以上述财产对债务承担责任。农村资金互助社的合法权益和依法开展经营活动受法律保护，任何单位和个人不得侵犯。农村资金互助社社员以其社员股金和在本社的社员积累为限对该社承担责任。农村资金互助社从事经营活动，应遵守有关法律法规和国家金融方针政策，诚实守信，审慎经营，依法接受银行业监督管理机构的监管。"同年发布《农村资金互助社组建审批工作指引》，对农村资金互助社的筹建工作程序、开业工作程序、筹建和开业需要提交的审核材料以及关于机构名称、发起人资格、设立方式、股权设置和结构等方面的具体要求予以明确。此外，为引导农村资金互助社规范发展，维护社员的合法权益，银监会根据《农村资金互助社管理暂行规定》制定了《农村资金互助社示范章程》，对农村资金互助社的权力机构、社员表决权等方面加以明确，体现了合作制中的公平原则。内容涉及：社员代表大会是本社的权力机构，社员代表由全体社员选举产生。社员大会负责制定或修改章程，选举和更换理事（不设理事会的选举经理）、监事，审议通过本社的发展规划，审议通过本社的基本管理制度，审议批准理事会、监事会年度工作报告，审议决定固定资产购置以及其他重要经营事项，审议批准年度财务预、决算方案和利润分配方案、弥补亏损方案，审议决定管理和工作人员薪酬，对合并、分立、解散和清算作出决议等多项工作。本社社员参加社员大会，享有一票基本表决权。以上三个文件为中国农村资金互助社的发展提供了政策指导。2008年 4 月，中国人民银行联合银监会下发《关于村镇银行、贷款公司、农村

---

① 银保监会官网。

资金互助社和小额贷款公司有关政策规定的通知》（银发〔2008〕137 号），在存款准备金管理、存贷款利率管理、支付清算管理、会计管理、金融统计和监管报表、征信管理、现金管理、风险监管等方面对涉及农村资金互助社的政策加以明确①。

2007 年 3 月 9 日，据人民网报道，吉林省梨树县闫家村百信农村资金互助社正式挂牌营业。这是放开农村金融市场机构准入后，我国第一家经银监会批设的，农民自愿入股组建的农村资金互助组织。其前身是由 8 名农户发起设立的梨树县榆树台百信农民合作社，主要以资金互助为依托，发展养殖业，通过合作的方式增加入会农民的生产经营效益。随后，本村 32 名农民发起设立闫家村百信农村资金互助社，注册资本 10.18 万元。梨树县闫家村百信农村资金互助社开展的互助业务包括：为社员提供存款、贷款、结算业务，交易政府债券和金融债券，办理同业存放款，办理代理业务，以及向其他符合审慎要求的银行业金融机构融入资金等。

从制度创新到暂缓审批，再到停止批设，持金融牌照的农村资金互助社发展历经波折。2012 年，银监会决定暂缓批设农村资金互助社牌照。截至 2014 年，全国范围内持有金融牌照的农村资金互助社共 49 家，实收资本仅为 2.06 亿元，资金规模不大，且大部分互助社难以可持续发展，处于亏损状态。经银监会批设的农村资金互助社严格遵循合作金融发展原则，具有典型合作金融发展特征，但其自身经营入不敷出的状况限制了其作用的发挥，前景堪忧。基于此，2015 年，监管部门做出政策调整，鼓励现存的农村资金互助社转型为村镇银行。至此，关于农村资金互助的制度创新仅运行了 5 年就被叫停，犹如昙花一现。下面将对此类资金互助社的基本原则、基本内容、发展阶段、暂停批设原因进行深入探讨。

①基本原则

2005 年中央一号文件《中共中央 国务院关于进一步加强农村工作提高农业综合生产能力若干政策的意见》（中发〔2005〕1 号）和 2006 年中央一号文件《中共中央 国务院关于推进社会主义新农村建设的若干意见》（中发〔2006〕1 号）连续两次出现"鼓励在县域内设立多种所有制社区金融机构"的相关表述。为贯彻落实中央文件精神，弥补农村金融服务供给相对不足、提高金融机构覆盖率，2007 年银监会先后制定并发布了《关于调整放宽农村地区银行业金融机构准入政策的若干意见》《农村资金互助社

---

① 中国人民银行官方网站。

管理暂行规定》《农村资金互助社示范章程》，在机构准入、监管等方面进行制度创新，为农村资金互助社的组建和发展做好了政策准备。农村资金互助社是指经银行业监督管理机构批准，由乡（镇）、行政村农民和农村小企业自愿入股组成，为社员提供存款、贷款、结算等业务的社区互助性银行业金融机构①。此类由银监会批设的农村资金互助社遵循的基本原则主要包括：社区性原则、互助性原则、民主性原则、群众性原则。社区性原则指将经营活动范围严格限定在行政村和社员内部，杜绝资金外流现象。互助性原则指互助社旨在为社员提供服务，不以追求盈利为唯一目的，力争实现社员共同利益。民主性原则指入社自愿、退社自由、民主决策、实施一人一票制。群众性原则指避免走上政府主导的道路，坚持"民办、民管、民收益"。

②基本内容

根据《农村资金互助社管理暂行规定》（银监发〔2007〕7 号）（以下简称《暂行规定》）、《关于村镇银行、贷款公司、农村资金互助社和小额贷款公司有关政策规定的通知》（银发〔2008〕137 号）、《关于实行新型农村金融机构定向费用补贴的通知》（银发〔2009〕15 号）等相关文件规定，现将银监会批设的农村资金互助社准入条件、互助业务范围、治理结构、享受政策优惠等方面基本内容归纳如下（见表 2）。

表 2　银监会批设的农村资金互助社的基本情况

项目	获批的农村资金互助社
机构属性	社区性金融机构
资金来源	资本金、社员存款、社会捐款及同业融资
准入条件	注册资本方面：乡镇级大于等于 30 万元、村级大于等于 10 万元。股东人数方面：十人及以上。股东资格：农民、农户或涉农小微企业。股权结构要求：单个农民或农村小微企业持股不得高于 10%。管理人员要求：理事长、经理需具备中专或高中以上学历，持从业资格证上岗
开展业务	服务社员的存款、贷款、结算、代理业务；沉淀资金可以银行存款、国债和金融债的形式存在
贷款投向	仅针对互助社社员投放贷款
经营限制	不得设立分支机构
风控指标	资本充足率不得低于 8%；资产损失准备充足率不得低于 100%

---

① 汪小亚，等. 新型农村合作金融组织案例研究［M］. 北京：中国金融出版社，2016.

续表

项目	获批的农村资金互助社
治理结构	社员代表大会作为最高权力机构，设理事会、监事会各行其职
享受政策优惠	按照上一年末贷款余额的 2% 对达标的互助机构进行补贴

资料来源：作者根据公开资料和文件整理而得。

在农村资金互助社的机构准入方面，《暂行规定》从注册资本、社员资格、股东和股权结构、从业人员以及经营设施等方面予以明确。关于注册资本，设立在行政村、乡（镇）的农村资金互助社注册资本分别不得低于10 万元、30 万元。关于社员资格，必须来自行政村农民、农村小微企业，农民要做到诚实守信、口碑良好；农村小微企业无不良信用记录，且上一年无亏损状态。关于股东人数和股权分散度，股东人数应维持在 10 人以上，为避免股权集中、加强公司治理，将单个农民或小微企业的持股比例限定在低于股金总额 10% 的水平。关于从业人员学历和资格，规定理事长和经理作为高管应具备中专或高中以上学历，且持有从业资格证书。关于互助社经营设施，选择能够保障经营安全性的场所和硬件设施。

在资金来源方面，呈现融资范围逐渐扩大的趋势。起初，根据《暂行规定》，农村资金互助社的资金来源包括货币形式的社员股金、社员存款、社会捐款和机构融资四种形式。随后，2009 年 2 月，银监会和农业部联合印发《关于做好农民专业合作社金融服务工作的意见》，允许符合条件的农村资金互助社按商业原则从银行业金融机构融入资金，农村资金互助社的资金来源进一步扩宽。

在规范互助社经营方面，根据合作制原则存在较多限制。例如，关于业务开展，将农村资金互助社的服务对象和业务开展范围严格限定在社员内部。《暂行规定》明确，不得向非社员开展吸收存款、发放贷款及结算代理业务，不得以互助社资产为其他单位或个人提供担保。此外，对贷款投向和额度加以限制，规定贷款只能投放给有融资需求的社员，且单一社员的贷款总额不得超过资本净额的 15%；单一农户及同一户口簿的其他社员、单一小微企业及关联企业社员获得的贷款总额不得超过资本净额的 20%；前十大户贷款总额需小于等于资本净额的 50%。

在治理结构方面，组织比较严密，架构基本齐全。根据《暂行规定》，农村资金互助社内部设立社员代表大会、监事会、理事会，以便规避内部人问题、委托代理问题发生，保证经营决策分离，形成有效的内外制约和岗位制约。社员代表大会作为最高权力机构，由全体社员组成，当社员人数超过 100 人时，可以由全体社员推举出社员代表行使社员代表大会权力，通常社员代表不低于 31 人。监事会由社员、捐款人及相关机构组成，设监事长 1 人，成员 3 人以上。监事长不得由经理及其他管理人员兼任。一般而言，理事会设 1 名理事长，成员 3 人以上。理事长可担任农村资金互助社法人，也可兼任经理。

在风险控制环节，审慎经营，严格进行风险管理。在风控方面，《暂行规定》规定农村资金互助社的资本充足率不得低于 8%，资产损失准备充足率不得低于 100%。此外，强化监督机制，定期披露股金、贷款及其他业务进展，保护社员利益，保证互助社良性发展。

在利益分配方面，为提高社员参与资金互助积极性，以维护社员利益为出发点。《暂行规定》关于利益分配的表述涉及"农村资金互助社的收益首先应按一定比例提取呆账准备金；然后根据多积累和可持续原则，进行利益分配，未分配利润（亏损）则全额计入社员积累，按照股金份额量化至每个社员，确保将收益的大部分返还给资金所有者"。

③发展阶段

2004 年至今，农村资金互助社经历了曲折发展，从实践探索、制度创新，到暂缓审批再到进入全面休眠，又一次合作金融正规化实践宣告失败。

第一阶段：探索创新阶段（2004 年至 2006 年）。之所以将 2004 年至 2006 年称为农村互助资金组织的探索创新阶段，是因为无论是民间的合作金融实践还是中央政策层面都对合作金融正规化进行了探索和创新。一方面，广大农民群众自发自愿地从生产合作走向资金互助。由于农村地区金融供给相对不足，民间自发的合作金融探索从未停止过，全国各地农民自发开展多种形式的资金互助活动。在没有政策依据的情况下，法律法规环境缺失，此类互助活动的合法合规性无从考究，存在很大风险。另一方面，中央政策层面不断突破和创新。从 2004 年开始，中共中央、国务院在政策层面对合作金融组织形式进行了引导性的鼓励。2004 年中央一号文件《中共中央　国务院关于促进农民增加收入若干政策的意见》提出，鼓励有条件的地方，在严格监管、有效防范金融风险的前提下，通过吸引社会资本和外资，积极兴办直接为"三农"服务的多种所有制的金融组织。2005 年，在《国务院关于 2005 年深化经济体制改革的意见》第一部分"深化农村金融改革"中，明确提出"抓紧研究制订农村金融总体改革方案，加快构建功能完善、分工合理、产权明晰、监管有力的农村金融体系。探索发展新的农村合作金融组织"。在中央政策的引导和鼓励下，各地加快对农村合作金融组织形式进行实践和探索，一批资金互助社（例如，吉林梨树县百信资金互助社、河北定州翟城农村资金互助社等）相继进入监管层视野。2006 年，中央一号文件《中共中央　国务院关于推进社会主义新农村建设的若干意见》"加快推进农村金融改革"部分首次明确提出"引导农民资金互助组织的发展"。随后，银监会放宽农村金融市场机构准入，下发通知及出台配套措施，支持农村地区合作金融机构发展。

第二阶段：正规化发展阶段（2007 年至 2011 年）。我国经济发展面临几个突出的不平衡问题，例如城乡发展不平衡、东中西部发展不平衡，在经济实力薄弱，金融发展落后地区，农村金融服务覆盖率偏低，为民间自发的资金互助活动提供了发展契机。2007 年 3 月，银监会向吉林省梨树县百信资金互助社颁发了金融许可证，百信资金互助社成为全国首家获批的持有金融牌照的正规合作金融机构，实现了由非正规组织向正规金融机构的转变。有了政策的支持，各地资金互助社纷纷对照《农村资金互助社管理暂行规定》，进行正规化努力，希望早日获得银监会批复，成为持有金融牌照的正规金融机构。截至 2007 年 9 月底，根据同年 2 月《中国银监会办公厅关于印发〈农村资金互助社示范章程〉的通知》（银监办发〔2007〕51 号）确定的试点方案，全国范围共有 6 省 7 家农村资金互助社获批并投入运行。7 家持牌资金互助社分别为：吉林省梨树县闫家村百信资金互助社、甘肃定西市岷县岷鑫资金互助社、罗寿县龙湾村石林资金互助社、青海乐都县雨润镇兴乐资金互助社、内蒙古自治区通辽市辽河镇融达资金互助社、锡林浩特市白音锡勒农牧场诚信资金互助社、四川省苍溪县益民资金互助社。这些试点成为全国其他地区互助社正规化的模板和榜样。同年 10 月，银监会决定扩大试点范围，2008 年，全国 31 个省均分布有持牌的资金互助社。2009 年，银监会制定《新型农村金融机构 2009—2011 年工作安排》计划到 2011 年全国设立农村资金互助社 161 家。实际上，截至 2011 年 12 月末，全国获批的农村资金互助社仅有 49 家，2012 年，银监会对于农村资金互助社牌照采取"暂缓审批"措施，由此，民间合作组织正规化的通道宣告关闭。

第三阶段：全面休眠阶段（2012 年至今）。

2012 年，银监会对农村资金互助社采取"暂缓审批"的政策，标志着农村资金互助社发展进入休眠阶段。2013 年，党的十八届三中全会剔除了有关"有条件的"和"专业合作"的表述，针对合作社的内容调整为"允许合作社开展信用合作"。2014 年中央一号文件《中共中央　国务院关于全面深化农村改革加快推进农业现代化的若干意见》提出，"发展新型农村合作金融组织。在管理民主、运行规范、带动力强的农民合作社和供销合作社基础上，培育发展农村合作金融，不断丰富农村地区金融机构类型。坚持社员制、封闭性原则，在不对外吸储放贷、不支付固定回报的前提下，推动社区性农村资金互助组织发展。完善地方农村金融管理体制，明确地方政府对新型农村合作金融监管职责，鼓励地方建立风险补偿基金，有效防范金融风险。适时制定农村合作金融发展管理办法"。

④监管部门暂停审批的原因分析

在我国合作金融组织发展史上，农村资金互助社的设立是一种制度创新。为落实中央文件精神，银监会设立了包括农村资金互助社在内的三类新型农村金融机构，弥补了农村地区金融服务空白，从制度上引导合作金融组织由民间自发走向正规化道路。2007年2月，四川、青海、甘肃等6省7地被确定为农村资金互助社试点，试图为日后在全国范围推广提供规范发展的蓝本。农村资金互助社在支持农户小额贷款方面存在先天优势，且制度设计与为"三农"提供小额、分散贷款的定位相符合。农村资金互助社的支农优势体现在两方面，一方面，信息成本优势。成立之初，监管部门将农村资金互助社的性质定位为社区型金融机构，严格限定村或乡作为其经营范围。在社区内，互助社占据地缘优势，充分掌握社员的个人信用、家庭经济实力、贷款投向以及是否具备偿还能力。信息对称性提高之后，资金使用的安全性得到保障。另一方面，贷款使用和监督成本低。如上所述，互助社在农村拥有信息成本优势，缓解了贷款投向和使用过程中的信息不对称问题，降低了贷款监督成本。

下面，本文将从案例入手，对资金互助社被叫停的原因进行分析。吉林省梨树县闫家村资金互助社作为全国首家获批合作金融机构历经十年发展最终陷入停滞。2007年3月9日，吉林省梨树县闫家村百信农村资金互助社正式开业，成为全国首家获批的农村资金互助社。百信农村资金互助社所在的闫家村有农户684个，农民2290个，主要从事养猪业，它经历了从生产合作到资金互助的发展过程。起初，5户养殖户成立了百信农民养殖专业合作社，开展生产和购销合作业务。随后，为了克服生产销售过程中遇到的资金困难，弥补资金需求缺口，养殖户之间开展资金互助，将"百信养殖专业合作社"发展成"百信资金互助社"。最终，百信资金互助社由于具备典型合作金融特征获得了银监会颁发的金融许可证。百信资金互助社的组建，体现了农民自愿出资入股原则和民主管理原则，由32户社员发起，筹集股金 10 万余元。截至 2007 年 5 月 19 日，社员由最初的 32 户扩充到 79 户，资金来源扩大到 32.21 万元，其中除了 12.21 万元的股金外，还包括从新华城市信用社融入的 10 万元。百信资金互助社的制度比较完善，成立后根据中央文件精神制定了《百信资金互助社信贷管理办法》（以下简称《办法》），对贷款额度、期限、利率以及优惠减免活动进行了规范。《办法》规定：贷款期限在一年及以内的（含一年），月利率为 9.6%；贷款期限在 6 个月以内（含 6 个月），月利率为 8.4%；贷款期限在 3 个月以内（含 3 个月），月利率为 7.5%；贷款期限在 5 日内、金额在 3000 元以下的不收取利息。这种操作切实服务了农民社员，满足了农民小额的融资需求。但经过十年发展，百信农村资金互助社规模没有得到增长，业务也基本停滞。① 发起人姜柏林认为停滞发展的原因在于：中央层面虽然出台了一系列文件对农村信用合作组织加以引导和规范，但相关配套措施缺失，严格的限制条件给农村资金互助社的发展带来不利影响。

根据山东、安徽等互助社的实践案例，我国农村资金互助社在发展中陷入的困境具有共同特点。关键点在于大多数农村资金互助合作社在为社员提供金融服务的同时，难以实现自身的可持续发展，导致最终出现亏损，难以为继。

一是资金来源受限，难以满足社员贷款需求。《农村资金互助社管理暂行规定》明确农村资金互助社的四类资金来源：社员股金、社员存款、社会捐赠、其他金融机构融入资金。但在互助实践中，以上四类资金来源均不充足。社员股金增加困难。有些地区地方政府不允许新社员加入，在股金缴纳人数上形成限制，导致缴纳股金的人数有限。此外，《暂行规定》对单个农民或小企业的持股比例进行限制，当单个农民持股比例超过 10%，单个小企业持股比例超过 5% 时需要经监管部门批准，这也限制了股金增加。社员存款积极性不高，导致社员存款增长乏力。社员存款增长乏力的原因在于社员存款能力有限，且考虑到风险收益后，社员将钱存放在互助社的动力不足。根据监管政策，农村资金互助社与普通的农村银行业金融机构执行相同的利率政策，但区别在于农村资金互助社作为社区型的基层合作金融组织，没有国家信用做背书，当没有特殊利率优惠时，拥有风险厌恶型偏好的广大农民将存款存放到互助社的积极性不高。此外，接受社会捐赠和其他金融机构融入资金虽然是合规的资金来源，但实际上，这些

---

① 资料来源：《农村资金互助社十年》，中国金融杂志。

资金很难被农村资金互助社获得。资金不充足，直接导致了互助社难以满足社员贷款需要。例如，根据清华大学中国农村研究院课题组 2015 年赴山东调研的数据，山东两家农村资金互助社（沂水聚福源资金互助社和诸城泰丰资金互助社）在发展中都面临存款零增长、资金来源不足的问题。数据显示，截至 2015 年 4 月，沂水聚福源股本总额 192.99 万元，存款余额 7.8 万元；诸城泰丰股本总额 600 万元，存款余额 641.5 万元。其中沂水聚福源存款余额与 2013 年底持平，未实现增长。诸城泰丰存款余额与 2010 年持平，未实现增长。可见，资金来源不充足、资金补充不及时、股本和存款余额不增长已经成为山东这两家互助社共同存在的问题。

二是盈利能力不足，出现大面积亏损现象，难以实现可持续发展。农村资金互助社的资金规模小，提供服务的同时难以兼顾盈利的实现，再扣除房租、设施、管理人员工资等方面支出，大多数互助社处于亏损状态。例如，同样根据清华大学中国农村研究院课题组 2015 年赴山东调研的数据，截至 2015 年 4 月末，沂水聚福源贷款余额 180 万元，较 2013 年末减少 67 万元，降幅为 27%；实现利润 11.78 万元，同比减少 2.46 万元，降幅为 17%。诸城泰丰贷款余额 1192.15 万元，较 2013 年末减少 42.35 万元，降幅为 3.43%；实现利润 27 万元，同比减少 27 万元，降幅为 50%。贷款减少、利润下滑等特征都在山东两家互助社出现，影响了商业可持续发展。①

三是监管政策与合作金融属性不配套，限制了互助社发展。监管机构并没有对农村资金互助社制定差别化的监管政策，而是在资本充足率、贷款集中度、贷款损失准备等指标上套用了与商业银行类似的监管政策。例如，《暂行规定》对监管指标进行量化比例限制，明确规定资金互助社的资本充足率不得低于 8%，对单一农村小企业社员及其关联企业社员、单一农民社员及其在同一户口簿上的其他社员贷款总额不得超过资本净额的 20%，对前十大户贷款总额不得超过资本净额的 50%，资产损失准备充足率不得低于 100%。监管政策忽略了资金互助社的合作金融属性，没有制定出有针对性的监管措施，监管与合作金融属性的不匹配，导致互助社运营管理模式缺乏灵活性，无法满足农村地区小额、分散的资金需求，成为导致互助社发展陷入停滞的重要原因之一。

---

① 汪小亚，等. 新型农村合作金融组织案例研究 [M]. 北京：中国金融出版社，2016.

（二）合作金融组织在非正规金融体系中形式多样

除了上文介绍的农信社、农村资金互助社这两类正规金融合作组织，在我国的非正规金融体系中各种形式的民间自发的合作金融组织大量涌现，这些组织名称各异且形式多样。我国农村地区普遍采取以家庭联产承包责任制为核心的农村生产经营方式，农业生产集中化程度不高，分散的农户依然是农业生产的主体，在实现分散农户与统一市场对接的过程中，农户间从生产、销售等环节的互助合作发展为资金、信用的互助合作成为必然趋势。基于此，我国农村地区出现了大量有利于正规金融体系之外的，形式多样、名称不同、体现合作金融原则的资金互助或信用互助组织。按照管理主体不同进行划分，我国当前的农村合作金融机构或组织主要包括五类，分别为：经银监会批设的农村资金互助社，依托农民专业合作社的资金互助合作社，供销社创办（或领办）的资金互助社，农民自发形成的资金互助社。其中第一类经银监会批设的农村资金互助社，持有金融牌照，属于正规金融体系，本书前文已经进行详细分析，在本部分不再赘述。其余四种没有金融业务执照或金融机构许可证，属于非正规金融体系。本部分首先介绍我国历史上短暂出现的农村合作基金会，以及对目前存在的具有典型特点的两类互助组织进行分析。

1. 农村合作基金会①

从 20 世纪 80 年代中期开始，在我国出现了非正规农村合作金融组织——农村合作基金会。当时连续多年中央一号文件明确要用好集体资金，财政部等相关部门在落实中央文件精神过程中先后出台政策，支持和鼓励农村合作基金会的发展。在国家政策的支持下，农村合作基金会发展迅速，但由于缺乏有效监管，相关政策不完善等原因，在发展的过程中风险不断积累，管理效率低，经营效益差等问题逐渐暴露，资金投向严重"脱农"。鉴于此，1999 年 1 月，国务院发文决定全面取缔农村合作基金会。本书认为农村合作基金会是合作性质的非银行金融机构。组建之时也被视为中国农村金融发展中的创新之举。虽然最终以失败告终，但也曾对中国农村金融发展起到积极作用，应在总结经验的同时吸取教训，为中国新型农村合作组织发展提供借鉴。1984 年到 1999 年，农村合作基金会遍布中国广大农村地区，成为农村金融体系中的研究焦点。由于其带有合作制成分，引起

---

① 赵学军. 农村合作基金会兴亡的再探讨 [J]. 金融评论，2018（6）.

了当时学术界的关注。围绕农村合作基金会的兴起原因、性质、被取缔原因等问题，学者们展开激烈讨论。

①农村合作基金会的兴起原因

关于农村合作基金会的兴起原因，学者们观点不一。陈吉元和胡斌（1992）指出农村合作基金会的设立是为了管理和用活集体积累的资金，是农村改革和农村经济发展的客观要求①。余国耀、温铁军、张晓山（1994）对农村合作基金会产生的原因做出的判断是：重建集体积累机制，寻求新的农业投入保障机制，弥补正规金融机构的信贷真空，抑制民间高利贷②。石秀印（1999）认为农村合作基金会起源于农村政企合一的村社集体组织内部的利益分割问题③。郭晓鸣和赵昌文（2001）认为在农村经济主体多元化、传统农村金融机构信贷供给不足、地方政府对金融资源形成需求等因素的共同作用下，农村合作基金会得以产生④。此外，还有一些学者认为地方政府是农村合作基金会成立的主要推动者，许多农村合作基金会的组建和运营带有强烈的地方政府政策导向。

本书认为，20世纪80年代农村合作基金会能够在我国农村地区得到快速发展的原因一方面在于乡镇级地方政府的积极推动，另一方面在于随着农村改革和家庭联产承包制的持续推进，农户、乡镇企业面对改革产生了较强烈的融资需求。

从乡镇政府角度看，农村合作基金会作为一种集体资产管理机构有利于解决集体资产流失、集体组织内部利益分配不均等问题。1984年，人民公社解体后，集体资产流失严重，出现了挪用公款、将集体资产据为己有等现象，激起群众不满，带来了恶劣的社会影响。根据学者统计，在推行家庭联产承包责任制时，原农业集体累计损失200多亿元，所剩800多亿元资产中可用资金约有100多亿元。发展到1987年，全国范围累计近20亿元集体资产被贪污、挪用。集体债权额比1980年增加超过40%，大量集体资产长期被他人无偿拖欠占用。⑤ 关于集体资产的流失情况，学者开展了一系列调研研究。例如，根据李静（2004）对四川省的情况分析，乐山市全福

① 陈吉元，胡斌．论发展农村合作基金会的深层意义 [J]．北京：中国农村经济，1992（9）．

② 余国耀，温铁军，张晓山．九十年代产权制度的对策研究 [M]．北京：中国商业出版社，1994．

③ 石秀印．农村股份合作制 [M]．长沙：湖南人民出版社，1999．

④ 郭晓鸣，赵昌文．以农民合作的名义：1986—1999四川省农村合作基金会存亡历程 [J]．北京：世纪周刊，2001（1）．

⑤ 魏道南，张晓山．中国农村新型合作组织探析 [M]．北京：经济管理出版社，1998．

乡土地包产到户后，有些干部贪污、挪用或挥霍了大量集体资金。1986 年，全乡集体资金剩 6 万多元，其中现金 3 万多元，挪用比例达到 40%[①]。再根据卢汉川（2009）研究发现，1981 年河北省张家口地区实行大包干的制度，农村集体累计资金 2.6116 亿元。但到 1984 年末，全地区核算单位统管的 2.581 亿元资金被私人或外单位无偿占用，占核算单位积累账面原值的 83.3%[②]。由此，如何经营和管理好集体资产成为乡镇等地方政府亟须解决的重要问题之一，农村合作基金会作为一种资产管理机构的出现满足了地方政府的制度建设需要。

农村合作基金会作为一种制度创新有利于平衡上级政府、村级行政与广大农户之间的关系，避免产生矛盾。在我国持续推进农村改革过程中，村社农村集体组织内部利益分配错综复杂，难以寻求政府、村社、农民之间的平衡。村社集体经济组织的资源和获得的收益归全体成员共同所有，但村干部具有行政权力，在利益的分配过程中往往成为既得利益者，侵占他人利益，引起许多摩擦和矛盾。此时，农村合作基金会的出现能够起到制衡三者利益分配的作用。

从农户和乡镇企业角度看，农村合作基金会能够为其提供改革背景下自身发展所需的生产资金。农户、乡镇企业、农业专业户、重点户、个体户、私营企业都是 20 世纪 80 年代农村金融体系中重要的需求端主体。家庭联产承包责任制一经推出，农户作为生产经营活动的主体地位得以明确，承包制大大刺激了农民的生产积极性。农业是投入大、收益周期长、风险大的弱势产业，购买种子、农机具、化肥、农药、灌溉、收割等环节都需要投入大量人力、物力和财力，资金需求量增加。从 1980 年开始，在国家的号召下鼓励发展农业专业户、重点户，这些典型农户也需要资金支持。此外，涉农个体户、私营企业作为农村金融体系的一部分也需要筹集资金谋求发展。再看农村金融供给端，中国农业银行、农信社这些最主要的基层金融机构无法满足各类农业经营主体的资金需求。资金需求旺盛，供给严重不足的情况导致农业农村融资难问题日益尖锐。农村合作基金会能够为农业农村提供融资便利，恰逢此时的农村经济金融环境为农村合作基金会的扎根和传播提供了土壤。

下面通过一些具体案例对农村合作基金会的形成和兴起进行详细说明。

---

① 李静. 中国农村金融组织的行为与制度环境［M］. 大同：山西经济出版社，2004.

② 卢汉川. 当代中国的信用合作事业［M］. 北京：当代中国出版社，2009.

1983 年，在东北地区、华北地区、东南沿海的一些行政村，为了管理和用活集体资金，试图探索出有效的资金管理组织形式，便出现了早期的"队有村管""队有乡管"制度。这种制度规范了集体资金的使用，方便了内部人通过集体融资实现互帮互助。1984 年，河北省康保县芦家营乡成立了农村合作基金会，随后便在全国范围推广开来。1986 年，东北黑龙江、辽宁、东南沿海浙江、广东等省份的农村合作基金会纷纷兴起，带有农村合作金融组织的成分。[①] 1985 年，河北张家口地区合作基金会的组建过程具有代表性特征。具体做法是首先对原核算单位的债权债务、财产物资进行清理，然后对剩余集体资金实行"折股到户、统一管理、有偿服务、按股分红"，进而在行政村或者乡（镇）范围组建合作基金会，对积累资金实施统一管理。所谓"折股到户"是指将合作化启动时农户的入社股金记入原农户名下，将合作化启动后积累的资金按劳动工分或者一定人劳比例折算到户，为各户建立股金账，并发放股金证。这种做法在保证资金的集体所有权性质不变的前提下，使农户获得了按照股份分红和行使有限借款的权利。并规定，对于那些被外单位或农户占用的积累资金，应重新办理借款手续并约定还款期限，如出现逾期现象，则按照有偿使用原则收取利息。

根据各地成立的农村合作基金会组建的动因和特点，可以将这些基金会大致分为三类：社区型农村合作基金会、专业型农村合作基金会和企业型农村股份合作基金会（或称为金融服务社）。社区型农村合作基金会包括行政村办和乡（镇）办两种，多出现在山东、河北、黑龙江等传统农业区。专业型农村合作基金会通过依托农民专业型协会、联合会或合作组织，由合作组织内部成员自发筹资组建，在内部开展合作性质的资金互助活动。金融服务社主要指一定范围内的经济实体通过资源入股方式实现资金层面的互助合作。

②农村合作基金会的性质分析

关于农村合作基金会的性质，学术界众说纷纭，具体的争论焦点集中在"农村合作基金会属于合作制、股份制，还是股份合作制？""它是否属于独立法人？""它能否算作一种金融组织？"等方面。

农村合作基金会在名称、章程、办会宗旨上都体现了"合作"组织的特征。20 世纪 80 年代之后，各地出现的农村合作基金会都在名称中出现了"合作"二字，且在制定实施的章程中都有关于农村合作基金会基本组织结

---

① 赵学军. 农村合作基金会兴亡的再探讨 [J]. 金融评论，2018（6）.

构的规定，这些规定也体现出合作金融的成分。例如，大部分农村合作基金会规定，其基本组织结构是会员代表大会、理事会和监事会。最高权力机构是会员代表大会，定期召开大会，以便通报和决策基金会重要工作。理事会和监事会由会员代表大会选举产生，从事日常管理和监督工作。农村合作基金会采用民主管理的方式，严格按照一人一票原则，不以股金数量多寡作为持票依据。此外，农村合作基金会强调以"为会员服务，为农业、农民服务，不以营利为目的"为主要办会宗旨。从以上三方面看，农村合作基金会具备合作金融组织的外形，但在实际操作过程中，并没有按照合作金融组织的原则投入运行，偏离了合作金融发展轨道。有些学者指出，当时我国的农村合作基金会并不完全符合合作金融组织的标准，只不过是一种社区性质的资金互助组织。

中央各管理部门、税务部门、地方政府对农村合作基金会的性质持有不同看法。农村合作基金会归多个中央部门管理，其业务主管部门为农业部、财政部以及人民银行。农业部以及相关管理部门并没有出台相关文件对农村合作基金会的性质加以明确和清晰认定。梳理农业相关文件，农业部将农村合作基金会定位于社区型资金互助合作组织。例如，1991 年 12月，农业部发布《关于加强农村合作基金会规范化、制度化建设若干问题的通知》，其中涉及农村合作基金会的表述为"农村合作基金会是在坚持资金所有权不变的前提下，由乡村集体经济组织及其成员按照自愿互利、有偿使用原则而建立，主要从事集体资金管理和融通活动的资金合作组织"。财政部对于农村合作基金会的性质认定比较模糊。例如在 1991 年，财政部公布的《村合作经济组织财务制度》中，关于农村合作基金会的两段文字的字面意思容易引起误解。一方面，该财务制度提出，"村合作经济组织的集体资金可在不改变所有权的前提下，按照自愿互利、有偿使用的原则，借给本组织内的农户和企业发展生产，或委托给乡（镇）合作基金会等农村合作经济内部融资组织管理融通，以提高资金的使用效益"。这句话表明财政部将农村合作基金会定位为农村合作经济组织。随后，该制度又提到"村合作经济组织是社会主义劳动群众集体所有制经济组织"。这句话的字面解释明显认为农村合作基金会属于集体所有制，与前面的描述有些矛盾。中国人民银行对农村合作基金会行使部分管理职责，曾在 1991 年《关于加强农村合作基金会管理的通知》中明确农村合作基金会是"社区内的资金互助组织"，接近于农业部的表述，但并没有认定其合作金融属性。从是否作为征税对象看，税务部门对农村合作基金会性质的判定曾发生变化。1994

年之前，税务部门不对农村合作基金会征税，理由是认为它属于社区性资金互助非金融组织，可以享受免税待遇。1995 年开始，国家税务总局又认为农村合作基金会属于金融机构，应将其作为征税对象，征收营业税。有些地方政府对于农村合作基金会的性质认定也比较含糊。例如，四川省曾于 1994 年发布《关于四川省农村合作基金会登记发证有关事项的通知》，指出合作基金会不属于政府的职能部门，不属于金融机构，而且不是任何部门的小金库，它是在社区范围内管理和融通农村集体资金与会员股金，为内部提供融资服务的资金互助组织。随后，又在四川税务部门联合农牧部门发布的《四川省地方税务局、四川省农牧厅关于加强农村合作基金会管理的通知》中规定农村合作基金会是社区内为农业、农民服务的资金互助组织，是不以营利为目的的非金融机构，同时规定对违反国家金融法规，擅自或变相从事存贷款业务所取得的经营收入，无论其资金来源如何，一律按金融业征税。以上内容可以被理解为，是否从事存贷款业务成为判定农村合作基金会是否作为金融机构，并向其征税的依据和标准。运营层面，所有的农村合作基金会均将存贷款纳入业务范围，都需要作为金融机构缴纳营业税，这种做法肯定了农村合作基金会的金融性质。

学术界对于农村合作基金会的性质认定说法不一，大致分为三种观点：有些认为农村合作基金会是合作制经济组织；有些认为农村合作基金会是不纯粹的合作金融组织，兼具合作制和股份制成分；还有一些对农村合作基金会的合作性质彻底否定。温铁军（2004）指出，只有在行政村开展的合作基金会具有合作性质，可以被视为社区内专业性信用合作组织，那些大多数在乡（镇）组建设立的农村合作基金会的实际所有者是地方政府，应将其认定为归地方政府所有的农村金融组织，不属于合作性质[1]。姜旭朝（1996）提出，农村合作基金会具有社区性、内部性、合作性特征，属于带有互助合作性质的农村金融组织[2]。纪志宏（1998）认为，农村合作基金会具有合作成分，但表现出强烈的不规范性，带有社区性、互助合作性的非正规金融机构。石秀印（1999）指出，农村合作基金会与国外的金融合作社，以及新中国成立初期的农信社性质类似，应将其视为以农民为股东、由基层政府控制的合作银行。余国耀（1994）指出，农村合作基金会不是非银行金融机构，是社区合作经济组织内部成员在资金上互通有无、有偿

---

① 温铁军. 农村合作基金会的兴衰：1984—1999［EB］. 中国农经信息网，2004.
② 姜旭朝. 中国民间金融研究［M］. 济南：山东人民出版社，1996.

使用、独立核算、自负盈亏、民主管理、自愿互利、共担风险的一种专业性合作金融组织，不以营利为唯一目的，基本符合国际通行的合作性质的金融组织的普遍原则。秦池江（1998）则对农村合作基金会的合作金融性质予以彻底否定，将其归为非银行金融机构类。刘世定（2005）认为，组建之初，地方政府将农村合作基金会定位在资金管理机构，随后发展成受到基层政府控制的银行机构。郭晓鸣和赵昌文（2001）认为，农村合作基金会属于地方政府所有的农村金融组织，从未具备合作金融的任何基本特征。

本文认为，农村合作基金会具备合作金融性质，但缺乏独立性，过多地涉及存贷款业务，以致被大多学者认定为金融机构，它是我国农村经济改革、社会经济体制改革发展过程中的具有时代特色的产物，应该被视为我国非正规金融体系中的一次合作金融发展实践。

③农村合作基金会被取缔的原因分析

1996年，农村合作基金会发展陷入混乱，违规经营之下积累了大量金融风险，存在隐患。这种情况引起了国务院党中央的高度关注。为了推动农村金融体制改革，完善农村金融服务体系，稳定农业基础产业地位，带动农村经济发展，1996年8月20日，国务院发布法律文件《关于农村金融体制改革的决定》，文件提出农村合作基金会自试办以来，对于增加农业投入，缓解农民生产短缺发挥了一定的作用。农村合作基金会不属于金融机构，不得办理存贷款业务，要真正办成社区内的资金互助组织。但是，目前相当一部分农村合作基金会以招股名义高息吸收存款，入股人不参加基金会管理，不承担亏损；基金会将筹集资金用于发放贷款，违反金融法规经营金融业务隐藏着很大的风险。因此要按国家的有关规定对农村合作基金会进行清理整顿。凡农村合作基金会实际上已经营金融业务，存贷款业务比较大的，经整顿后可并入现有的农村信用社，也可另设农村信用社。不愿并入现有农村信用社或另设农村信用社的，必须立即停止以招股名义吸收存款，停止办理存贷款业务。中国人民银行要会同农业部尽快制定《农村合作基金会管理规定》，报国务院审批。这显示了清理整顿农村合作基金会的决心。针对经营乱象，国务院决定一是禁止农村合作基金会以招股形式吸收居民存款。二是对于那些开办存贷款业务的，已经发展成金融机构的基金会组织，经清理核实资产后，可将其并入现有的农村信用社或另设农村信用社。三是未经营存贷款业务的，以及经营存贷款业务但不具备并入农信社条件的基金会，要向真正具有合作金融属性的合作基金会努力发展。中央政府的决定是完全正确的，但在具体的落实环节存在很大困难和阻力。落实难度很大的原因主要有两方面：一是此时的农村合作基金会由于违规经营金融业务，已经假借招股的名义吸收了大量居民存款，不良资产规模较大，如果处理不当则有可能出现资金挤提甚至引发金融风险，这使得相关管理部门心存芥蒂。二是我国基层政府在农村合作基金会发展过程中参与度很高，剔除地方政府的影响因素遭到了各利益相关者的抵触。

1997年，亚洲金融危机爆发，积聚在农村合作基金会的金融风险一触即发。随后，中央监管部门明确态度，不允许继续增设农村合作基金会，但地方政府层面仍然对合作基金会的清理整顿持观望态度，缺乏落实积极性。1998年，在四川、河北等地区的农村合作基金会出现挤提现象，扰乱了农村经济金融正常秩序，对农村社会稳定产生恶劣影响。1998年7月13日，国务院发布《非法金融机构和非法金融业务活动取缔办法》，强调了依法清理全国合作基金会、投资公司工作的严肃性，详细规定了非法金融机构和非法金融业务活动取缔的程序、债权债务的清理清退办法，以及违背条例办法规定的处罚措施。取缔办法的发布对农村合作基金会的清理工作再次发出了警示。1999年1月，国务院发布3号文件，宣布全国统一取缔农村合作基金会，具体内容包括：停止新设农村合作基金会；现有的农村合作基金会一律停止以任何名义吸收存款和办理贷款，清产核资，符合条件的并入农信社，资不抵债的予以彻底清盘，关闭。至此，农村合作基金会彻底退出了我国农村金融历史舞台。

农村合作基金会被取缔的原因是多元的，是各种因素相互作用的结果。例如，政府的行政干预、基金会内部产权不清、监督制衡机制不完善、资金投放出现脱农化、从业人员素质低、管理者经营能力差、缺少法律法规依据，机构定性模糊等因素的存在都为农村合作基金会走向覆灭埋下隐患。本文认为，导致农村合作基金会彻底被取缔的原因来自三个方面：合作基金会内部因素、制度环境外部因素以及直接原因（导火索）。从农村合作基金会内部看，合作基金会从事的经营业务并没有充分体现"合作"，存在大量背离合作制原则的违规行为；名义上是非官方机构，但却受到地方政府的操控；性质模糊，从事金融业务但却受农业部门主管；从业人员缺乏金融知识，管理能力差，平均素质低。从制度环境等外部因素看，不同管理部门对合作基金会性质的认定存在矛盾，不属于金融机构，但却从事金融业务并按照金融机构标准纳税；合作制性质从未被明确肯定，无法享受政策优惠和红利；在农业部门的垂直监管下，合作基金会得不到有效的金融监管，导致风险积聚并呈扩大趋势。从直接因素，即国际经济环境看，1998年亚洲金融危机爆发对中国经济产生不利影响，为了应对危机，防范系统性金融风险，维护农村正常经济秩序，政府最终下定决心对其彻底取缔。

④经验和教训

从诞生到被取缔，我国农村合作基金会历经五个发展阶段。第一阶段：1984年至1986年，农村合作基金会在农村地区出现萌芽。这一阶段，东北、江浙一带的农村产区，为了管理和用好集体积累资金，最早尝试通过"队有村管"或"队有乡管"的方式，清理整顿集体财产，以便为集体经济成员提供农业生产所需的有偿资金服务，实现内部融资。第二阶段：1986年至1991年，农村合作基金会的改革试验阶段。从1986年8月起，国家出台政策，允许合作基金会在不开展存贷款业务的前提下进入试运行阶段，中国农业银行应在信贷业务上给予指导。这一阶段，在中央政策的支持和引导下，全国范围农村合作基金会得到蓬勃发展。截至1992年，全国范围内农村合作基金会在数量和规模上都得到快速增长，全国15.4%的行政村和36.7%的乡镇设有农村合作基金会，其中，行政村一级的合作基金会达到11.25万个，乡镇一级的合作基金会达到1.74万个。第三阶段：1992年至1995年，农村合作基金会高速扩张。1992年1月18日至2月21日，邓小平南巡武昌、深圳、珠海、上海等地，发表了重要讲话，被称为南方谈话。邓小平的南方谈话对中国90年代的经济改革与社会进步起到了关键的推动作用。南方谈话后，一波投资热潮席卷全国，在此背景下，农村合作基金会在高速扩张中积聚了许多风险和矛盾，金融秩序被扰乱。例如，供销合作社、民政部门、社会保障部门都积极参与创建基金会、股金会，进而向资金市场以高利率投放资金，引发了农村地区金融市场的恶性竞争，严重影响区域金融市场稳定。又如，在地方政府的实际操控之下，很多农村合作基金会为了获得高收益，不顾风险盲目投资，造成基金会社员的经济损失。第四阶段：1996年至1998年，农村合作基金会进入整顿发展时期。这一阶段，农村合作基金会新增速度放缓，将重点放在加强内部管理和提高业务水平上。随着农村合作基金会规模的扩张和业务的扩大，不良资产包袱与日俱增，能否化解、如何化解的问题亟须解决。此外，农行作为农村合作基金会的业务指导部门处于中央层面，但面对深受基层政府参与和控制的基金会，面临清理整顿难度加大、政策落实难的问题。第五阶段：1999年1月以后，农村合作基金会步入清理关闭阶段。在农村合作基金会内部问题严重、外部环境恶劣，以及亚洲金融危机的打击下，1999年1

月，中央下定决心，取缔并关闭农村合作基金会，国务院下发当年的3号文件，正式宣布全国统一取缔农村合作基金会。

农村合作基金会出现在我国经济金融发展的某个阶段，已经成为历史，并以失败告终，但通过客观的分析，本文认为农村合作基金会还是起到一些积极作用。一是组建初期，农村合作基金会作为管理、用活集体资金的组织形式，的确发挥了防止财产流失、干部贪污，缓解农业生产信贷紧张的作用，促进了农村经济发展。二是农村合作基金会的出现打破了农村金融市场的长期垄断局面，形成了与农业银行、农信社等金融机构的竞争关系。农村合作基金会在为农村金融市场注入新的活力的同时，还通过开展不片面追求营利的资金借贷活动，打击了农村的黑恶势力和高利贷。此外，农村合作基金会的组建、发展、关闭为日后我国村镇信用和农信社的改革发展提供了宝贵的实践经验。

通过分析农村合作基金会的发展历程，不难发现，政府参与到了农村合作基金会发展的每一个阶段，由此，关于政府究竟起到了什么作用？政府管理是否存在失误？等一系列问题值得引起关注。关闭农村合作基金会的决定在一定程度上损害了政府的信用，部分地区出现政府信用危机。农村合作基金会成立之初，高举合作金融旗帜，但并未在政府管理部门的有关规定中对其性质加以明确，以及给予相应的政策支持。当初，如果农业部、财政部、人民银行等部门对其性质加以明确，并将其纳入合作金融管理框架，对其业务实施金融监管，也许会改变合作基金会发展轨迹，改写其被取缔的命运。此外，金融管理部门对其机构属性也未加以明确，在农业部主管下开展金融业务，这种错配导致金融风险逐渐积累、变大。地方政府为了增加收入，将政府性资金投放到农村合作基金会，进行违规操作，为不良资产的增加埋下伏笔。地方政府的过度干预，操控业务运作等行为构成"越位"，不利于农村合作基金会保持独立性，不利于其成为真正的农村金融市场主体。农村合作基金会的实践说明，在中国发展农村合作金融，组建真正的农村合作金融机构或组织是有难度的，应着重思考政府在农村金融市场的定位以及政府在合作金融发展中的作用。

2. 依托农民专业合作社的信用合作组织

目前，依托农民专业合作社的信用合作组织通常名称不是唯一的，有的被称为"农村资金互助社"，有的被称为"农民资金互助社"，此类合作组织分布最广、"创新"方式最多、出现问题最复杂。它的优势通常表现为：信用合作关系依托在生产合作之上，为信贷活动提供了便利；在生产合作的上下游产业形成熟人社会，提高了信息对称程度，降低了监督成本；地方政府为了扶持当地产业发展，会予以相应支持。此类组织优势明显的同时，也存在许多问题形成风险隐患，例如涉及非法吸收公众存款、违规发放高利贷以及变相设立"山寨银行"等方面。普遍存在开业无明确登记主管部门，资金来源存款化，信贷资金强调担保、期限短、额度低，盈利分配未体现合作原则，片面追求商业性利益最大化，内部管理混乱以及治理结构不健全等问题。

①发展情况

目前，我国现行的《农民专业合作社法》于 2018 年 7 月 1 日起实施，在原版本基础上虽然在合作社主体地位、出资形式、盈余分配、扩大经营范围等方面有所修订和完善，但仍未对专业合作社内部的信用合作形式予以明确规定。根据 2018 年版本的《农民专业合作社法》规定，"农民专业合作社，是指在农村家庭承包经营基础上，农产品的生产经营者或者农业生产经营服务的提供者、利用者，自愿联合、民主管理的互助性经济组织"，农民专业合作社主要为其社员提供以下服务："农业生产资料的购买、使用；农产品的生产、销售、加工、运输、贮藏及其他相关服务；农村民间工艺及制品、休闲农业和乡村旅游资源的开发经营等；与农业生产经营有关的技术、信息、设施建设运营等服务。"此法还明确，农民专业合作社应遵循"成员以农民为主体；以服务成员为宗旨，谋求全体成员的共同利益；入社自愿、退社自由；成员地位平等，实行民主管理；盈余主要按照成员与农民专业合作社的交易量（额）比例返还"等原则。虽然此法没有关于社员资金合作的具体形式和内容的明确规定，但在实践层面，各地早已出现多种形式的以生产合作为依托，并最终服务生产合作的信用（资金）互助形式。

根据农民专业合作社开展信用合作的媒介和手段不同，可以将农民专业合作社的信用合作模式分为商业信用合作和货币信用合作两种。这两种模式并不矛盾，而是呈现出相辅相成的互为补充关系。根据定义，商业信用原指在商品交易中由于延期付款或预收货款所形成的企业间的借贷关系。将应付账款、应付票据、预收账款等作为其主要形式。商业信用最大的优势在于可获得性强。具体到农民专业合作社开展信用合作的商业信用模式，主要是指依托在农民专业合作社、"公司+合作社+农户"等农业产业形式上，且体现在特定农产品生产、加工和销售环节的信贷关系。在我国农民专业合作社开展信用合作的过程中，商业信用模式较货币信用模式更加普遍。依靠商业信用模式，农民可以以赊销方式从专业合作社或龙头企业那里获得生产所需农用原材料、农用物资以及生产指导服务，深受农民、农户欢迎。根据金融学定义，货币信用原指以货币形式提供的信用。当今经济社会，货币信用代替了实物信用的地位，作用日益凸显，例如银行信用、国家信用、民间信用均采取货币信用作为表现形式。具体到农民专业合作社开展信用合作的货币信用模式，主要指农户在交易过程中以货币为媒介和支付手段的信用关系，可以不受限制地为农户和农村龙头企业提供信用，使用范围较宽泛。

近年来，随着农民专业合作社的不断发展，多种形式依托于农民专业合作社之上的农村信用（资金）合作模式仍然活跃于农村金融体系。根据之前人民银行赴山东、河南等省份开展的全国摸底调查以及中农办牵头的实地调研情况，汪小亚（2016）① 提出，目前存在的依托农民专业合作社开展信用合作的模式大致可以分为以下几种：以赊销为特征的商业信用合作、社员间货币信用合作（内置式和外置式）、龙头企业或农业大户主导的混合式合作。

第一种模式：农民专业合作社与内部社员之间开展以"赊销"为特征的商业信用合作。该模式主要围绕与农民专业合作社相关的生产经营环节展开，具体合作步骤包括：第一步，农民专业合作社从正规金融机构获取信贷支持，用以面向市场采购种子、化肥农机具等种养殖所需的农业生产资料，再采取赊销的办法向社员提供这些统一购买的农业生产资料，由此，社员与农业合作社之间形成了商业信用关系。第二步，社员获得生产资料后，用于种植业、养殖业，经过生产周期，收获粮食作物以及养殖农产品。第三步，农民专业合作社按照事先约定的交易价格收购社员手中的粮食作物以及养殖农产品，并通过对外销售获得现金收入，用以抵扣管理成本和归还金融机构贷款。

第二种模式：农民专业合作社社员之间开展货币信用合作。社员之间的货币信用合作是指依托农民专业合作社成立具有资金互助功能的业务单元或组建独立于专业合作社的资金互助组织，进而为社员之间开展货币信用合作提供便利。此类社员间的货币信用合作方式又可以根据合作开展对象不同进一步细分为两种：内置式资金互助和外置式资金互助。顾名思义，内置式资金互助是指社员与专业合作社发生借贷关系。外置式资金互助是

---

① 汪小亚，等. 新型农村合作金融组织案例研究［M］. 北京：中国金融出版社，2016.

指社员由合作社提供担保后与正规金融机构发生借贷关系。为了解决农民专业合作社季节性资金需求，缓解社员临时性资金短缺难题，通常采取内置式资金互助方式，将社员股金或会费在合作社内部循环使用，满足借贷需求，促进合作社社员增收，利好专业合作社长远发展。当内置式融资不能满足社员资金需要时，外置式融资将发挥作用，为社员提供充足的生产所需资金。外置式融资过程中，农民专业合作社发挥着巨大的作用，它将为自己的社员提供担保，或者信用增进，便于社员与正规金融机构形成货币信用关系。

第三种模式：混合式合作。区别于前两种模式，混合式模式具体指由龙头企业或种养殖大户主导的，围绕"公司+合作社+农户"的农业产业链开展的商业信用和货币信用合作。围绕农业产业链，合作社与外部龙头企业发生农产品订单交易的同时，内部社员开展生产资料赊销、待售农产品赊购活动以及货币资金互助活动。这种模式对农民专业合作社的信用合作深入展开产生了两方面的效果：一方面，外部龙头企业加入有利于专业合作社接轨外部市场，并形成稳定的销售渠道，外部资金的投入有利于农民专业合作社发展壮大；另一方面，外部龙头企业通过投资的方式能够对农民专业合作社形成实际控制，甚至对合作社发展方向起到主导作用，这种模式不利于农民专业合作社坚守合作经济组织的本性。从治理结构角度看，外部龙头企业的操控和过多干预将架空专业合作社内部的民主决策机制，制约了合作金融属性的发挥。

②依托农民专业合作社的信用合作组织的特点和优势

前文介绍了依托农民专业合作社发展的基本情况以及主要模式，通过具体合作模式可以看出，在此类合作模式开展的活动中，不但实现了农业生产经营与资金互助的结合，而且实现了以"赊销、赊购"为特征的商业信用与货币信用的结合，成功破解了农民、农户从事种养殖生产中的资金瓶颈，较为全面地诠释了产业与金融的联动关系。

一是依托在生产合作之上的信用合作，有利于发挥农产品生产对信贷的抵押担保功能，有助于提高农户信贷的可获得性。合作社社员间不但存在资金内部互助的借贷关系，还是日常农业生产、经营销售中的业务伙伴，有共同的目标和利益。将生产合作和信用合作联系在一起能够实现农产品生产在信贷市场的抵押担保功能，提高信用合作效率，促进互助资金在合作社内部的循环使用。

二是依托农民专业合作社生产经营活动，形成相关产业合作，随着熟人社会区域的形成，提高了信息对称程度，降低了信用合作中的监督成本。依托农民专业合作社开展信用合作所建立的信贷关系是基于农产品生产、加工、销售等环节基础上的，将实物交易与信贷交易关联在一起，具备关联交易的特征。此类信用合作能够提高信息对称程度，减少道德风险和逆向选择问题发生的概率，降低监督成本。

三是地方政府为带动农业发展，纷纷采取行动予以支持。地方政府为带动农业发展，鼓励依托农民专业合作社开展资金互助活动，采取了一系列举措表明立场，予以支持。有些地方政府对农民专业合作社的发展模式和经验进行交流推广，有些地方政府出台了指导性文件规范信用合作发展，还有些地方政府为推动以专业合作社为依托的资金互助发展拨付资金。例如，湖南沅陵县政府出台指导性文件，明确要选择龙头企业、农民合作社组建农村产业信用协会，通过建立合作性融资担保基金，为会员向正规金融机构融资提供服务。

四是尝试模仿商业银行风险管理方式，建立风险补偿准备金制度。在互助金使用过程中，农民资金互助社为了规避风险，不断增强风险防范意识，加强了对资金互助社互助金的管理。由于缺乏经验，农民资金互助社尝试模仿商业银行风险管理方式，设立风险补偿准备金，构建风险防控体系。例如，有些资金互助社照搬了商业银行风险管理方法，规定互助金的资本充足率不低于15%，预留周转金不低于互助金的10%，风险准备金按不低于年末利润总额的20%提取。这种做法在一定程度上起到了防范风险的作用，但却影响了资金的利用率，降低了互助金的使用效率，使得互助社为社员之间提供"互助"的目标大打折扣。以湖南为例，根据汪小亚（2016）调研，湖南沅陵县资金互助社为进行风险管理，实施了双方同审机制、激励机制。双方同审机制，即由农村产业信用协会和合作金融机构双方针对合作社社员的资产、信用、品行等基本情况进行共同审核。激励机制即对产业信用协会实行评级，进而区别对待不同评级的协会成员。对于那些获得较高评级的协会会员，次年将被提高信用等级和授信额度，并获得贷款利率优惠。而对于那些获得评级较低的协会会员，将会受到降级处理，甚至取消参与评级资格，金融机构可直接从融资担保基金专用账户中扣除收回贷款本息。

五是大力推动农村农户信用体系建设，打造"守信激励、失信惩戒"的发展氛围。还以湖南沅陵县为例，为了构建农户信用体系，建立激励约束机制，湖南沅陵县不断加强农村产业协会建设，进而促进合作金融发展。

具体做法是，协会先参照金融机构的评级管理办法，对会员实行评级，再根据评级结果对产业信用协会进行等级认定。控制授信额度的依据是协会等级、保证金与贷款限额的占比情况。对于信用等级为 3A 级的产业信用协会，保证金与贷款限额的占比为 1∶8；对于信用等级为 2A 级的产业信用协会，保证金与贷款限额的占比为 1∶6；对于信用等级为 A 级的产业信用协会，保证金与贷款限额的占比为 1∶4；对于信用等级达不到 A 级的，产业信用协会，不予授信。

③存在的问题及应对

依托专业合作社的资金互助社开展的信用合作具有复杂性，表现在合作社内部关系复杂和合作方式复杂两方面。合作社内部关系复杂，管理难度较大，具体而言包括三个方面：一是农民专业合作社农户实际参与率与工商登记的入社比例严重不符，农民"被入社"现象普遍存在。根据韦轶婷（2014）对江苏省农村合作社 5 万多家农户的调研数据，江苏省 2012 年底工商部门登记的入社农户比例为 61.4%，但 2014 年在选取的 1925 户样本农户中，加入合作社的农户为 430，农民入社比例仅为 22.3%。可见，农民"被入社"情况严重。二是农民专业合作社未充分体现民主原则，存在领办人实际操控，农民参与度低的问题。在地方政府鼓励和政策引导下，活跃在中国农村金融领域的农民专业合作社领办人一般都是农民企业家之类的自身经济实力雄厚，且富有创新精神的精英分子。这些精英是否真正理解合作金融不得而知，且不可能完全将重点放在帮扶农户身上，当互助社利益与自身利益最大化发生矛盾时，难免做出违背合作初衷的选择。领办精英能否与农户实现利益兼容成为农村专业合作社能够坚持合作道路的关键。三是监管有待加强。组建不验资、运营免年检的事情时有发生，合作社运行的真实情况得不到展示，出现了监管漏洞。此外，由于缺乏专业的财务人员和管理人员，农民专业合作社财务管理较为混乱，个人账户与成员账户混用现象严重。农民专业合作社的合作方式的复杂性表现在组织形式多样、管理方式粗放等方面。有些农民专业合作社将资金互助作为独立部门放在合作社内部，有些资金互助组织与专业合作社存在交集但相对独立运营，不完全重合。在资金来源方面，有的合作社鼓励农民自愿入股，不承诺回报，有的合作社为了吸收社员存款，承诺固定回报。在融资渠道上，有的农民专业合作社通过开展内部资金互助获得资金，有的农民专业合作社则通过信用合作从正规金融机构获得融资。在管理方式方面，有的农民专业合作社采取民主集中制进行决策，有的农民专业合作社由领办人个人决策，完全忽略农民的意见。

在我国依托专业合作社的信用合作组织的发展过程中，暴露出一些问题，值得引起大家关注。解决好这些问题，才能促进我国合作金融健康可持续发展。一是社员股金、互助金出现存款化趋势。根据"入股自愿、退股自由"的规定，根据活期、三个月、半年、一年等不同期限，社员可以随时支取股金，由于互助金利率通常较银行存款利率高，社员倾向于将资金存入合作社以获得利息收入，出现了股金、互助金的存款化趋势。例如，在山东有些合作社，社员卖掉农产品，将销售收入存入合作社，合作社按照同期银行存款利率的1.5倍予以支付利息。二是资金运用上没有严格限制投向，达到一定额度后强调抵押担保条件。信用合作组织的资金运用方式以贷款为主，且没有关于严禁从事风险性投资的限制，导致一部分资金流向风险性投资和经营性固定资产投资。在互助社服务的"熟人社会"，资金的运用以短期、小额为主，对于额度较大的贷款，互助社也要求社员提供抵押或担保。例如，在一些合作社，做出了此类规定，对于额度在5万元以下的贷款，无须社员提供担保抵押，完全依靠信用获得；对于额度在5万元到10万元之间的贷款，需社员及其家属签字；额度超过10万元，不能提供贷款。三是片面追求商业利益，导致盈利分配违规。根据我国《农民专业合作社法》第三条，合作社盈余主要按照成员与农民专业合作社的交易比例返还，以此形成激励，达成互助合作目标。由于从业人员素质有限，对于政策的理解和消化能力不强，有些互助资金社的管理办法就与《农民专业合作社法》相矛盾。例如，有些资金互助社规定"闲置资金不参与融资盈余分配，也不承担融资业务造成的亏损"。片面强调股东社员按照股份参与盈余分配的做法，导致股东不以互助为主要目的，而是片面追求个人分红和利益最大化。四是合作组织的登记注册部门混乱，全国各地缺乏统一标准。例如，从事生产的专业合作社通常在工商部门登记注册，资金互助或信用互助组织有些省份在民政部门登记注册，有些省份负责登记注册的部门尚不明确。五是内部管理混乱，治理结构不健全。由于缺乏专业人才，合作金融组织在开展业务时存在操作流程不规范、账目管理混乱、个人账户和对公账户混用等问题。此外，在那些资金互助部与专业合作社架构重合的合作组织，治理结构严重不合理，理事长、监事长等少数高管决策时未体现民主，个人意志左右集体决策的问题频发。还有的受龙头企业或农业主管部门影响程度较大，决策结果往往对社员来说并不合理，而是保护了既得利益者的利益。

由于信用合作所依托的专业合作社管理进入门槛低、管理不规范、监督缺失，一些以资金盈利为目的的公司或放款人就以合作社资金互助部的名义吸收股金和农民闲散资金用于对外投资或放贷盈利，混淆了合作金融与民间借贷的界限，扰乱了金融秩序①。此外，如果任由此类合作组织随意发展，可能出现涉嫌违法的问题，例如非法吸储问题、高利贷问题、"山寨银行"问题，甚至引发区域性金融风险，不利于农村金融市场有序发展。关于非法吸储问题，部分合作组织背离社员封闭性原则是导致非法吸储问题发生的直接原因。我国许多地区合作组织无视合作金融原则，放宽了社员范围，将是否缴纳互助金作为入社的标准，由于针对社员的利率普遍高于金融机构同期利率，吸引了大批为获取利息收益而来的"社员"，存在非法吸储嫌疑，对区域内正规金融机构的运转造成负面影响。关于高利贷问题，部分合作组织背离了资金互助性原则，对贷款制定高利率，甚至远远超过国家保护范围。一些资金互助社违规放贷，资金投放脱农，甚至将互助资金用于投资房地产等高风险领域，严重影响了合作组织的口碑和声誉，存在欺诈社员的行为。关于"山寨银行"问题。据调查，在陕西和江苏等地均发现对外公开经营存贷款业务的农民资金互助组织。这些互助组织大多在农业部门、工商部门或民政部门登记注册，在不持有金融牌照的情况下模仿正规金融机构的经营和管理方式开展金融业务。它们选取较繁华的路段设置营业网点，门面、柜台、服务窗口、标语均模仿正规金融机构，对金融稳定造成不利影响。例如，有些互助组织在营业门店悬挂宣传语"零手续、零担保、零风险"等，这种做法不合规也不合法，当地农民难以分辨真假银行，非法吸收存款行为变得明目张胆。

依托农民专业合作社的信用合作组织经历了从商业信用合作到货币信用合作，从内部资金互助到成立独立的互助组织，其作用不容小觑。此类信用合作组织在专业合作社基础上创新发展信用合作模式，实现了产业发展与资金互助的有机结合，对于探索我国农村合作金融发展模式和道路具有积极作用。此外，对于缓解"三农"发展中遇到的资金难题，提高资金使用效率，促进农业产业发展等方面具有重要作用。为了更好地发挥依托农民专业合作社的信用合作组织的积极作用，引导其健康可持续发展，针对上述问题和风险，本文提出以下几条意见和建议。一是引导内置式信用

---

① 张晓山，苑鹏，潘劲. 中国特色"三农"发展道路研究 [M]. 北京：清华大学出版社，2014.

互助坚守"社员性、封闭性、互助性"等合作金融原则，督促其规范发展。具体而言，对资金互助范围加以限制，明确其不应超越农民专业合作社社员范围；坚持封闭运营，不变相吸储，只针对内部社员提供贷款服务；依靠资金互助支持农业生产；不单纯以营利为目的，为社员提供服务比盈利重要。二是鼓励外置式信用互助，采用合作社为社员提供担保的方式促进正规金融机构为社员提供信贷支持，以满足农业生产中的资金需求。合作社通过为社员提供担保的方式，不但满足了社员的资金需求，还成为一种风险可控的金融创新。三是健全农民专业合作社内部治理结构，完善民主决策机制和盈余分配机制。严格按照《农民专业合作社法》健全合作社内部治理结构，避免造成龙头企业或种养殖大户对合作社造成实际操控，违背民主性原则。应从保障农民社员利益角度出发，完善"一人一票"的民主决策机制和不以营利为唯一目的的盈余分配机制。四是严厉打击假借合作名义开展"非法吸收存款""高利贷"和"山寨银行"等违法活动。对于已经形成事实的违法违规行为应尽快查处和关闭，并追究责任人法律责任，以稳定地方经济金融秩序。

3. 依托扶贫部门的贫困村互助资金试点

2006 年 5 月，国务院扶贫办领导小组办公室联合财政部门出台《关于开展建立"贫困村村级发展互助资金"试点工作的通知》（国开办发〔2006〕35 号），试点对象涉及河北、山西、内蒙古、黑龙江、安徽、江西、河南、湖南、四川、贵州、陕西、甘肃、宁夏、新疆等 14 个省（自治区）。通知指出，为有效缓解贫困农户发展所需资金短缺问题，积极探索、完善财政扶贫资金使用管理的新机制、新模式，提高贫困村、贫困户自我发展、持续发展的能力，国务院扶贫办和财政部研究决定，开展建立"贫困村村级发展互助资金"（以下简称"互助资金"）的试点工作，即安排一定数量的财政扶贫资金，在部分实施整村推进的贫困村内建立"互助资金"。同时，村内农户可以以自有资金入股等方式扩大互助资金的规模，村民以借用方式周转使用"互助资金"发展生产。2009 年 9 月 17 日，国务院扶贫办、财政部发布《关于进一步做好贫困村互助资金试点工作的指导意见》（国开办发〔2009〕103 号）提出，"自 2006 年全国开展贫困村互助资金试点工作以来，总体进展顺利，成效显著，深受贫困地区干部群众的欢迎"。2011 年 8 月，国务院扶贫办联合财政部发布《关于做好 2011 年贫困村互助资金试点工作的通知》（国开办发〔2011〕71 号）。通知要求贫困村资金试点地区开展工作时要以奖励先进、规范运作和巩固提高为重点，参照之前发布的《关于进一步做好贫困村互助资金试点工作的指导意见》进行整顿改造，整改应严格遵循"不吸储、不分红、不跨村、贫困优先"的原则，对于那些整改不到位的试点，将按程序启动退出机制。依托扶贫部门开展的贫困村互助试点即由政府拨付出一定的财政扶贫资金，选择贫困村设立互助资金，为贫困村村民提供资金周转服务。

①发展情况

20 世纪 80 年代，中国政府在农村地区启动了有针对性的扶贫工作。20 世纪 50 年代，受农业和非农业户籍管理制度的影响，中国城乡分割问题较为严重。城市人口能够享受到由国家或工作单位提供的较为宽泛的社会服务和保障，而农民人口的社会服务和保障主体则为社区和家庭，保障程度不高且缺乏稳定性。基于此，政府针对城市和农村出台的扶贫政策和制度安排也大不相同。在城市扶贫方面，政府制定并实施了城镇居民最低生活保障制度，将提供基本生活保障作为侧重点。在农村扶贫方面，政府对农村实施开发式扶贫，将经济增长和农民收入增长作为侧重点。1984 年 9 月 29 日，中共中央、国务院发布《关于帮助贫困地区尽快改变面貌的通知》，指出由于自然条件、工作基础、政策落实情况存在差异，农村经济还存在不平衡的状态，要帮助那些尚未摆脱贫困、温饱问题尚未完全解决的老少边穷地区改变生产条件、提高生产能力，发展商品经济，追赶全国经济发展步伐。

1986 年，全国人民代表大会六届四次会议将扶持老、少、边、穷地区尽快摆脱经济文化落后的相关工作内容列入国民经济"七五"计划。自此，为了开展农村扶贫工作，国家成立了专门的扶贫机构，制定了扶贫标准，并确定了国家级和省级贫困县名单。每年由中央和地方拨付财政资金用于开展扶贫工作。自中国农村扶贫工作开展以来，经历了两次较大的调整，一次是 1994 年《国家八七扶贫攻坚计划》的实施，另一次是 2001 年《农村扶贫开发纲要（2001—2010）》的实施。截至目前，我国的农村扶贫政策仍在以满足经济增长和扶贫双重任务为目标，采取项目式扶贫和全社会扶贫相互配合的方式以期达到理想的效果。

在国家政策鼓励下，各地积极探索财政资金帮扶到贫困村、贫困户的新路径。以安徽霍山为例，2004 年，为期 5 年的中荷扶贫项目结束，该项目属于双边合作项目，具体办法是由荷兰政府出资援助，金额达到 2000 万荷兰盾，我国拨付配套资金 3900 万元人民币。随后，霍山县政府向全县投入财政扶贫资金用于发展互助基金。又如四川仪陇县，2005 年，仪陇经国务院允许，开启关于扶贫互助基金模式的探索。四川仪陇县位于川北与川中过渡地带，截至 2004 年底，全县贫困村为 146 个，6.75 万人口未实现脱贫。扶贫互助基金采取自愿入股和政府赠配股的方法募集本金。具体做法为，在行政村范围内，农民自愿以每股 1000 元的价格入股，贫困户每户获赠 1 股，赠股所需费用由政府承担。此外，对一般农户和富裕农户采取差别股价。这种办法一方面有利于吸收社会资金实行股份制改造，另一方面体现了公平性，对弱势群体形成政策倾斜。对于入股满三年的持股人可实行转股。此外，2005 年四川仪陇又成为国务院扶贫办的"搞好扶贫开发，构建社会主义和谐社会"试点，尝试在经济、社会、文化等多维度实现制度创新，积极探索助力贫困地区发展新机制。扶贫互助社以扶贫为目的，以互助为手段，成为政府开发式扶贫实践中的重要创新。在推动扶贫互助社发展的过程中必须解决好两个问题：一是如何利用市场机制提高政府开发式扶贫的帮扶效率，二是怎样能够提高农户和民间资本在扶贫开发中的积极性，提升农户的自我发展能力。当时，除安徽和四川外的其他地区也都在政府的鼓励下积极开展扶贫资金互助活动。2006 年，国务院扶贫办在各地实践基础上，联合财政部发布《关于开展建立"贫困村村级发展互助资金"试点工作的通知》（国开办发〔2006〕35 号），明确在 14 个省、市（地区）开展村级扶贫互助资金试点工作，每个省在国家级贫困县中选定 10 个行政村，由中央财政为每个村拨付 15 万元扶贫资金，再由村内农户自愿入股的方式扩大互助资金规模。此类试点的运行，可被视为对财政扶贫资金管理和使用的有益探索。贫困村资金互助社的发展大致经历了三个阶段。

第一阶段：2006 年至 2008 年，贫困村资金互助社步入探索阶段。2006 年，《关于开展建立"贫困村村级发展互助资金"试点工作的通知》（国开办发〔2006〕35 号）的发布标志着我国贫困村资金互助社正式开启探索阶段。通知对试点的目标、入选试点村的条件、互助资金的管理和使用、试点的组织实施方式等方面予以明确。试点初期，选定了来自旺苍县和叶县的 20 个行政村，每个村获得中央财政扶贫资金 10 万元。随后进入试点推广阶段，行政村扩大到 126 个，每个村获得的财政扶贫资金增加到 15 万元。国家将通过试点的方式创新财政扶贫新模式。试点主要追求的目标包括：帮助贫困村建立互助资金，加大财政扶贫力度，缓解农业生产资金短缺问题；力争实现互助资金与农民生产、技术、销售合作的结合，整合贫困村各种生产要素，提高生产力；在管理互助资金过程中，打造专业合作组织，培育新型农民；总结可推广、可复制的经验，以便在全国范围推广。

第二阶段：2009 年至 2010 年，贫困村资金互助步入规范管理阶段。2009 年，国务院联合财政部出台《关于进一步做好贫困村互助资金试点工作的指导意见》（国开办发〔2009〕103 号），标志着贫困村资金互助组织发展到了规范管理阶段。指导意见明确要求各省（区、市）扶贫办、财政部门深入贯彻落实党的十七届三中全会精神，践行科学发展观，充分认识开展互助资金试点的意义，准确把握互助资金试点的总体目标和基本原则，进一步明确互助资金的来源和性质，切实抓好互助资金试点的几个关键环节，积极推动互助资金试点的有关要求。《指导意见》中附有《贫困村互助资金试点操作指南》，操作指南在"总则"部分对贫困村互助涉及的相关定义、目标和原则加以明确界定，为日后政府引导贫困村互助组织规范发展提供了政策依据。操作指南明确，贫困村互助资金（以下简称互助资金）是指以财政扶贫资金为引导，以村民自愿按一定比例交纳的互助金为依托，无任何附加条件的社会捐赠资金为补充，在贫困村建立的民有、民用、民管、民享、周转使用的生产发展资金。扶贫互助社（以下简称互助社）是指贫困村村民自愿参加成立的非营利性互助资金组织。互助管理机构包括理事会和监事会。理事会是互助社的执行和日常管理机构，负责互助资金的运行与管理。监事会是互助社内部监管互助资金运行与日常的管理机构。县级以上扶贫部门和财政部门作为其指导部门。明确了四项目标，一是创新扶贫模式，完善财政扶贫资金使用管理机制；二是有效缓解贫困村、贫困户生产经营资金短缺问题，增加贫困农户收入；三是探索建立扶贫资金与农户生产经营相结合的有效方式，引导发展支柱产业，培育农村专业合作组织和新型农民；四是提高贫困农户自我管理、自我组织和自我发展能力，实现可持续发展。此外，为了避免违规违法等非法吸储行为发生，《操作指南》还对运营原则加以规范：互助资金由贫困村组建的互助社负责管理，互助社设在行政村，不得跨行政村设立，在民政部门登记注册为非营利性组织；全村贫困农户中，要有 50% 以上的贫困户入社，方能组建互助社；农户加入互助社自愿，退出互助社自由；加入互助社需交纳互助金，贫困户加入互助社可免交或少交互助金，并享有与其他入社农户同等权利，优先获得资金和技术支持；加入互助社以户为单位，每户一人加入，实行一人一票表决制；互助资金在互助社内封闭运行，有借有还、周转使用、滚动发展、利益共享、风险共担；互助社不得吸储，不得从事其他未经许可的金融和经营活动。

2010 年 9 月，全国贫困村互助资金培训班在河南平顶山举办。培训对象涉及全国 28 个省（市、自治区）、89 个试点工作单位的 240 余人。培训内容涉及贫困村互助资金发展模式、农村金融与贫困村互助资金、互助资金方案制订与操作等方面。国务院扶贫办副主任指出，虽然试点开展以来取得了成效和经验，但问题依然存在，强调要处理好五方面关系，分别是"固点与扩面""支持一般户与重点扶持贫困户""资金规模与农户需求""内部民主管理与外部监督""互助资金与农村金融"。①

第三阶段：2011 年至今，贫困村资金互助步入稳定运行阶段。2011 年 8 月，国务院扶贫办联合财政部发布《关于做好 2011 年贫困村互助资金试点工作的通知》（国开办发〔2011〕71 号）标志着我国贫困村资金互助发展步入稳定运行阶段。根据通知要求，各地应参照《指导意见》进行整改，严格遵循不吸储、不分红、不跨村、贫困优先的原则，对于整改不到位的行政村试点，启动退出程序。此外，加强资金信息监管体系和绩效考核体系建设。针对贫困村发展互助资金管理中出现的资金使用不当、资金来源过度依赖财政、资金运营不规范、管理人员操作失误等问题，应加强资金信息监管体系建设，实现科学有序发展。相关部门应加强对贫困资金互助社的外部监管，依据分类、分层原则，提高监管效率防止出现监管真空地带。地方财政和扶贫部门应重点监测互助资金的使用和管理情况，并采取定期考核、总结的方法强化互助组织的规范化意识。行政村要对互助资金的投放、运行和回收过程介入监督和实施管理。各部门应各司其职，互相配合，加强组织、机制建设，加强现场检查和指导，多维度地为贫困村资金互助组织提供业务指导和政策支持，以便促进其健康持续发展。

随后，陕西、甘肃等地根据各自实际情况纷纷推出各省关于做好贫困村互助试点工作的指导意见。以陕西为例，为贯彻落实中央有关文件精神，鼓励互助资金组织发展，规范互助资金管理和使用，针对贫困村互助资金组织明确提出三条原则：保持互助资金民办公助和非营利的性质，强化其扶贫职能的发挥；保持互助资金项目基本模式不变，不得违背"不吸储、会员制和封闭运行"原则；明确互助资金组织的主体地位，维护会员、理事会、监事会的法定权利。2017 年，陕西省政府宣布自 2017 年起，为确保贫困地区群众真正实现稳定脱贫，全省所有贫困村退出前必须建立规范运行的互助资金组织，以确保贫困村实现互助资金全覆盖。在陕西，贫困村互助资金组织被农民称为"自己的小银行"，在解决农户生产资金困难问

---

① 国家乡村振兴局网站。http：//www.cpad.gov.cn/art/2010/9/7/art_4_3665.html。

题、践行扶贫长效机制等方面发挥着重要作用，为地方政府发展壮大集体经济、实现脱贫攻坚提供了有力支持。近年来，贫困村互助资金协会提倡发展"民有、民用、民管、民受益、周转使用、滚动发展"的运营模式，深受农户欢迎，成效较为显著。山西省要求，财政资金对于新组建的贫困村互助协会一次注入资金不得低于50万元，不得高于100万元，具体注入金额应依据行政村规模大小做出决定。互助资金的来源除了依靠财政专项扶贫资金和整合涉农资金，还可以吸纳福利彩票资金、行业扶贫资金等。为引导贫困户借助互助资金成功脱贫，山西省组织建档立卡贫困户自愿加入互助资金组织，并予以免缴基准互助金的优惠措施。对贫困户实施优先审批放贷，以及专项扶贫贴息政策。对于非贫困户，政府规定须交纳不低于1000元的基准互助金，每户最多可交纳2份。为了增强规范性，强化日常管理，维持互助资金高效、安全运转，陕西省建立了互助资金监管机制，并适当提高互助金单笔额度，延长借款期限。互助资金组织将富余的占用费投入行政村公益事业，用于提高村民幸福指数。此外，陕西省在提高贫困互助资金组织从业人员素质、加强管理人员培训等方面做了大量工作。省、市、县各级扶贫部门均将互助资金开展情况纳入脱贫攻坚考核范围，希望通过加强监管和绩效考核，推动此类组织良性发展。

再如甘肃，2018年8月8日，甘肃省扶贫开发办公室根据国务院《关于进一步做好贫困村互助资金试点工作的指导意见》（国开办发〔2009〕103号）、《财政专项扶贫资金管理办法》（财农〔2012〕412号）、《贫困村互助资金试点操作指南》和甘肃省《关于加快金融业发展的意见》，制定并出台《甘肃省贫困村互助资金试点管理细则》。该细则对甘肃省贫困村互助资金试点的资金来源、互助资金借款程序、互助资金退出、互助资金相关管理部门工作职责及监管重点等方面加以细化和明确。根据该细则，甘肃省互助资金的主要来源包括：财政扶贫专项资金、农户交纳的互助金、互助金产生的存款利息、占用费中用于扩充本金的部分、会员捐赠及其他。关于互助资金的投向和用途，细则也做出明确规定，农户必须用于"种植业、养殖业、劳务培训以及小型加工、贩运等生产性项目"。

关于扶贫部门开展的贫困村互助资金试点运行情况，山东省数据喜人，截至2014年10月，在中央政策支持下，山东省勇于探索财政金融扶贫新模式，以财政资金为主体，鼓励农户自愿参与，在全省范围开展的贫困村互助资金试点达到 860 个，资金总规模高达 2.4 亿元，覆盖农户数达到 16 万户。①

②特点和优势

殷浩栋等（2018）② 在题为《贫困村互助资金与农户正规金融、非正规金融：替代还是补充?》一文中指出，随着农村金融改革的深化，政府对农村合作金融的重视程度不断提高。通过构建农村金融市场不同部门间关系的理论模型进行实证分析，结论表明：贫困村资金互助与农村市场的正规金融部门、非正规金融部门之间存在替代关系。文章选取山东、甘肃、四川、湖南、河南等省农户调查数据，经过建模检验发现，非正规金融是农户获得贷款的主要渠道，其中扶贫性质的互助资金是农户使用最频繁、借贷次数最多的借贷渠道。利用 PSM-DID 模型进行实证分析显示互助资金对农村金融市场的正规金融、非正规金融均存在替代关系，相对于正规金融部门，对非正规金融部门的替代效应更显著。该文章具有政策意义，体现在它证明了贫困村互助资金作为一种合作金融组织形式，对农村商业性金融机构的生存空间并不具有显著的挤出作用。从前文提到的陕西、甘肃的具体执行情况来看，各地出台的具体管理细则和管理办法，均在第一部分总则中对贫困村互助资金的资金来源加以规范，但都规定其最主要的来源应是财政专项扶贫资金，关于互助资金的使用要遵循封闭性社员性原则，并接受来自社员"熟人社会"的监督，在一定程度上兼具正规金融和非正规金融双重性质。贫困村资金互助的发展有助于整合正规金融和非正规金融两种资源，发挥其各自优势，以完善我国农村金融市场体系。发展贫困村资金互助对于加大农村金融供给力度，落实金融扶贫和金融支持"三农"等工作具有重要意义。

首先，开展贫困村资金互助对我国农村合作金融发展形成有益补充。我国农村合作金融自新中国成立初期开始，经历了政府主导型（以农信社为代表）、市场内生型（各类互助组织在民间自发产生）、资金互助型三个阶段，目前尚未形成系统的、典型的、较成功的发展模式。扶贫性的资金互助作为一种金融扶贫的积极探索，符合我国农村金融市场发展需要，构成了对农村合作金融发展的有益补充。我国的农村金融市场活跃着大量的正规金融机构和非正规金融机构，呈现出显著的"二元"结构。学术界从

---

① 鲁网财经频道，http://f.sdnews.com.cn/sdcj/201410/t20141019_1756595.htm。
② 殷浩栋，王瑜，汪三贵. 贫困村互助资金与农户正规金融、非正规金融：替代还是补充?[J]. 金融研究，2018（5）.

互助资金与正规金融、非正规金融之间的关系方面开展了大量研究。如上文提到，殷浩栋等（2018）提出互助资金与正规金融、非正规金融均存在替代关系，且兼具二者的性质。刘西川等（2014）在《农户信贷市场的正规部门与非正规部门：替代还是互助》中提出，单纯在是否为正规金融的角度对互助资金进行划分，不符合农村合作金融市场的现实特征和多元化需求①。

　　其次，厘清产权关系是发展贫困村互助资金合作的工作核心。厘清产权关系是互助资金运行中管理机制、激励机制和监管机制发挥作用的前提和基础，是达成扶贫目标和实现互助组织可持续发展的重要保障。对于产权关系和产权结构不合理的互助资金组织应实施相应改革措施。在改革中，应突出社员的产权主体地位，尊重资金提供者权利，保障处于贫困状态的弱势群体利益，力争实现互助资金由外部资金扶持型向内部资金供给驱动型的顺利转变。在改革产权制度时应着重处理好以下几方面问题：一是对贫困户赋权问题。为了吸引农户积极参与资金互助，各省通常在入股和交纳会费方面对贫困户和非贫困户实施差别待遇，贫困户的入股资金由财政扶贫资金给予支持，获得减免，非贫困户则需要自筹资金入股。推行产权改革，需要将财政扶贫资金量化到全村贫困户，对贫困户赋权。目前在学术界激起讨论的赋权方式主要有两种，一部分人认为应将财政扶贫资金平均分给贫困户；另一部分人持有不同观点，认为平分不合理，应由村民讨论赋权比例。此外，为了扩大互助资金规模，应鼓励资金互助社以财政扶贫资金规模实行配股。通过改革能够体现财政资金的扶贫效果，保障社员主体地位的同时兼顾了公平原则，提高贫困户的参与积极性，使全体社员在资金互助中获益，也为互助资金的健康持续发展奠定基础。二是对财政赋权进行限制性设计。在互助资金退出时，个人交纳部分退出时扣除本息后仍归个人所有；外部投入部分归全体会员所有，不能划归个人。这是由于财政赋权是一种限制性股权，财政资金虽与自有资金享有相同的管理权和分红权，但当成员退社时，财政资金不能转让给个人，只能以公积金的形式继续沉淀在互助社。一般情况下，农户持有的财政赋权能够获得管理权和分红权，但无法享有最终处置权和所有权。财政赋权的限制性条件使得财政资金能够继续留在互助社，供社员循环使用，这种设计有助于维护

---

　　① 刘西川，杨奇明，陈立辉. 农户信贷市场的正规部门与非正规部门：替代还是互助 [J]. 经济研究，2014（1）.

互助资金社的合作金融属性。三是为了壮大互助资金社的资金规模和实力，尽量做到合理分红。互助资金制度注重将盈余部分扩充本金，壮大资金规模，对于分红问题并不关注。但如果分红不合理，会影响资金供给者参与互助的积极性，不利于资金互助社长远发展。根据合作金融原理，不支付固定回报的原则性规定是针对社员交纳的股本金而言，并不包括互助金部分，因此，对于社员交纳的互助金实施分红，并不违背合作金融原则。因此，在设计盈余分配制度时，要充分考虑投资者利益，注重硬性分红。在试点推进过程中，通过打造"村社一体"的村民利益共同体，吸引其他投资者入股，达到扩充互助资金规模的效果，助力互助社良性发展。四是坚持股权分散原则，对单一成员持股比例设限。资金互助试点坚持股权分散原则有利于避免股权过分集中产生的被"龙头企业"或"农民精英"操控决策问题的发生。切实做到在优化股权结构的同时，将单一社员的持股比例控制在10%以内。分散的股权设计有助于民主管理和民主监督机制的有效实施。

再次，健全、规范的互助资金管理体制，是实现互助资金科学使用的保证。贫困村资金互助的管理体制对于试点能否顺利推进并获得预期效果至关重要。其中，管理体制涉及民主决策机制、贷款机制、激励相容机制、监督机制、风险保障机制等多个方面。根据现行试点关于民主决策机制的设计，理事会作为互助社内部治理的一部分，被赋予了决策权，主要采取民主协商和民主决策的形式。科学合理的决策机制能够保证互助资金的合理使用，保护贫困群体的利益，促使互助资金坚守扶贫本性和可持续发展目标。为了扩大互助资金的覆盖广度和深度，整合贷款资源，优化贷款产品变得至关重要。较为成熟的互助资金贷款机制要充分体现微型金融特征，包括额度小、费率市场化、周期短、还款灵活、交易成本低等方面。这不但有利于提高资金循环效率，还有利于控制贷款风险。设计一款与资金规模、行政村生产发展现状相契合的贷款机制，有助于得到地方政府的政策支持，获得更多的财政资金，切实做到精准扶贫。激励相容机制旨在对管理者、投资方、资金需求方等互助主体的职责权利进行划分，从而达到激发互助资金活力的目的。在管理者角度，通过隐性收益显性化的设计规避寻租行为，鼓励管理者多入股，以期获得工资之外的分红收入。从投资方角度看，可以通过加大入股比例、提高分红比例等方法实施激励。从资金需求方角度看，互助资金组织具有扶贫性质，在贷款机制上能够使资金需求方的主导地位得到充分体现。互助资金的运营风险主要来自扩大资金规模时产生的来源风险和运作风险。为了保证资金安全和化解信贷风险，贫困村资金互助试点通常采用内外结合的监督机制，即同时接受内部社员和外部第三方监管机构的监督。资金的来源风险很好理解，例如在扩大资金规模时，如果存在较大套利空间，将很容易演变为非法集资或者非法吸收公众存款，构成犯罪。为了促进互助资金的良性循环，控制信贷风险，应在服务贫困群体的基础上加强风险保障机制建设。有些学者建议可考虑将新型农村合作金融纳入政策性保险范围，由财政为互助资金提供保障，加大补偿力度。也有学者持不同观点，认为互助保险不符合法律规定，不应纳入政策性保险范围，地方政府应承担起防范和化解风险责任，满足互助资金发展的需要。由于贫困户能力不足，互助资金在使用过程中容易引发风险，可考虑通过优化贷款投放制度和健全风险保障机制的方法，保障资金安全。

此外，落实外部监管是贫困村互助资金实现精准扶贫目标的制度保障。各级政府在贫困村互助资金运行中肩负监管责任，政府的监管作用能否发挥到位，关系到互助资金能否实现扶贫和可持续发展目标。在加强监管的过程中，政府应由管理型向服务型转变，引导互助资金社成员提升发展能力，加强自我管理。政府部门一是应在宏观政策制定、监管工具设计、规范监督管理方面不断努力，为贫困村互助资金发展提供良好的制度环境。二是完善顶层设计、发挥财政资金的正向激励，加大对贫困群体的保障力度，树立扶贫绩效良好的典型试点，并给予奖励。通过持股支持制度吸引民间资本，扩大资金来源，提高互助资金的吸引力。三是明确外部监管部门，划清监管边界，将监管重心放在市场准入、制度建设、风险处置机制等环节。四是推行贫困村互助资金分级管理制度，引入可操作性较强的退出机制，对于没有取得较好效果的资金互助社或经营严重违规的资金互助社启动退出机制。注重处理好政府与贫困村互助资金的关系至关重要，在发挥政府作用的同时，应尽力保持互助资金的独立性，实现可持续良性发展。随着政府向服务型转变，第三方服务机构将被作为政府完善监管的有益补充。政府可以通过委托第三方机构的方式，加强互助资金与小额信贷机构或正规金融机构之间的合作，在融资渠道等方面实现资源共享。对互助资金实行市场化运作，采用"互助资金+银行信贷"的发展模式，切实做到政府担保、银行操作、农户使用，通过政府背书和银行的规范管理，使贫困群体获益。

③问题和应对

贫困村互助资金经历了多年发展，在试点推进过程中成绩显著，但也面临着许多问题。为了实现我国设定的全面脱贫总目标，必须在发展中解决掉出现的问题，进一步对互助资金的发展做出创新性探索。在我国贫困村互助资金发展中暴露出的问题主要体现在以下方面：

一是尚未覆盖全体贫困群体，精准性有待加强，返贫现象时有发生。理论上，启动互助资金和减贫机制能够对我国农村地区贫困群体实现全覆盖。但在实践层面，不排除互助资金发生偏移、定位出现偏差、可持续发展能力较弱等问题的发生。根据陈清华（2017）在《村级互助资金扶贫效果分析：基于宁夏地区的调查数据》中的研究结论，中低收入和中等收入农户是互助资金的主要受益人群，互助资金的受益范围未能涵盖全体最贫困的人群①。还有研究认为互助资金虽然能够减少贫困家庭数量，但对于降低返贫家庭比例的效果不显著。如杨龙等（2018）在《贫困村互助资金降低农户脆弱性了吗：来自5省1213户三期面板数据的证据》一文中通过实证研究表明，随着贫困标准的提高，互助资金对降低农户脆弱性的作用并不显著，同时非贫困户返贫和高度脆弱农户比例会显著提高②。

二是贫困村互助资金组织运行效率有待提高。资金互助组织的运行效率和影响因素关系到贫困村互助资金组织是否能实现可持续发展，因此具有重要的现实意义。李渊（2019）在《政府支持对村级发展互助资金效率的影响：基于5省160个样本村的调查数据》中通过对160个扶贫资金互助社的调查，发现样本社的运行效率整体偏低，且政府支持有助于提高样本社运行效率③。此外，村级互助资金发展在各省存在较大差异，运行效率也不同，一般情况在经济发展较好，市场较完备的省份，村级互助组织运行效率较高。技术因素、规模大小、理事会成员持股比例、还款流程、小额贷款都能够对村级互助资金运行效率产生不同程度的影响。

三是互助资金的制度创新力度有待加强。合作金融模式下的互助资金制度的核心内容是产权制度。在现行的互助资金制度框架下，关于保护各方权益的制度创新有待加强，例如对净入资者实施有效保护、激励相容机制的建立、各方利益的平衡等方面有待加强和完善。互助资金在管理和经

---

① 陈清华，董晓林，朱敏杰.村级互助资金扶贫效果分析：基于宁夏地区的调查数据［J］.农业技术经济，2017（2）.

② 杨龙，李萌，汪三贵.贫困村互助资金降低农户脆弱性了吗：来自5省1213户三期面板数据的证据［J］.农业技术经济，2018（6）.

③ 李渊，刘西川.政府支持对村级发展互助资金效率的影响：基于5省160个样本村的调查数据［J］.新疆农垦经济，2019（11）.

营过程中，应对社员提供产业咨询和引导，为社员将贷款资金用于农业生产、选择生产投资机会提供业务指导，从而提高资金运用效率，完成精准扶贫目标。

三是互助资金组织的法律地位、产权性质有待明确，风险机制有待健全。究其根本，贫困村互助资金组织属于合作金融性质，但是否需要颁发牌照、是否属于正规金融体系等问题并不明确，缺乏上位法加以规范。目前的扶贫性互助资金试点以行政村为单位开展，财政出资占绝大部分，为了体现合作金融的"自愿性"原则，并没有强制所有贫困户参与，由此那些未参与农户就无法享受财政资金提供的便利和好处。此外，严格的限制条件可能影响其实施效果，例如根据封闭性原则，财政扶贫资金只能用于试点行政村，非试点村的贫困户无法享受政策红利。资金规模的限制无法适应生产经营扩大带来的资金需求。互助资金投向种植业、养殖业时面临较大风险，在缺乏风险准备金等相关风险机制的情况下，容易引发金融风险。

四是管理人员缺乏培训，管理能力有待加强。由于贫困村互助资金试点都设在基层贫困行政村，存在管理人员缺乏培训，管理能力有待加强的问题。部分贫困地区的互助社管理人员学历不高、专业知识匮乏，缺乏对于财务管理、经济金融、法律法规、风险控制等方面的专业积累，管理经验不足，面对互助社运行中出现的问题往往难以做出正确判断和及时处理。这种现象增加了互助社在运营中的风险。

贫困村互助资金试点经过多年实践，在助力贫困地区脱贫等方面取得了显著成绩。虽然仍在许多方面存在问题，有待改进，但这并没有影响社会各界致力于全面脱贫的决心和信心，各地在互助资金发展路径方面做出了许多积极创新和探索。以"盐池模式"为例，在宁夏盐池县，地理环境恶劣，经济发展落后，具有"三年两头旱灾、口袋没有钱"的特点。在这种落后地区"金融、银行、保险"等概念对于贫困村民来说显得遥不可及。2006年，国务院将盐池纳入全国首批村级互助资金试点范围，在人大代表、村支书朱玉国的带领下，在许多宁夏农户共同努力下，形成了可以被推广的"盐池模式"。在盐池模式下，数量众多的便民金融服务点形成了金融扶贫网络。试点成立之初，全村将20万元扶贫互助金作为起步，随后不断发展，为当地贫困户发展种植业、养殖业提供了资金扶持。2011年，宁夏自治区为了落实扶贫攻坚，启动了题为"千村信贷·互助资金"的金融创新扶贫工程。村支书朱玉国在自治区利好政策的支持下，鼓励和号召党员干部互帮互助，为贫困户投入产业发展提供信用担保，提高贷款获批额度，为贫困户纾困和扩大种养殖规模提供所需资金。在全体党员群众共同努力下，结合当地特色的滩羊养殖、杂粮种植等逐渐实现产业化发展。盐池模式作为金融扶贫模式，具有"信用建设+产业基础+金融支撑"的显著特征。由于试点效果显著，2015年6月，国务院扶贫办对该模式进行了肯定，并随之推广。朱玉国认为"村里的资金池子越来越大，能办的事情也越来越多"，希望通过贫困村资金互助的途径，为更多的贫困村民提供便利，让贫困村民享受到金融扶贫政策红利。截至2019年6月，宁夏在全国率先实施"扶贫+保险"模式并实现全区域覆盖，已有49.9万建档立卡贫困人口享受"扶贫保"，实现了意外伤害保险、建档立卡贫困人口大病补充医疗保险全覆盖。

在互助资金的发展路径方面，还应进行互助资金的正规化改造，即通过互助社加强与正规金融机构合作，或者放宽农村金融准入的途径，增加对农村贫困地区的金融供给。由于我国中、西、东部地区在经济发展速度、产业结构、地域特征等方面存在较大差异，因此可以因地制宜，推出不同的鼓励政策。例如，在我国经济欠发达地区，资金互助组织可以通过制度设计和激励机制实现互助资金正规化改造。互助资金还可以利用"熟人社会"信息优势和"能人"要素，加强与正规金融机构合作，以谋求可持续发展。

目前，全国有些地区在政策允许范围内，对于村级运行模式有所突破，成立了互助资金联合会和互助资金协会，以实现金融资源的优化配置，提高互助资金运行效率。成立互助资金联合会能够解决农业生产中遭遇的季节性资金短缺问题，例如，龙泉市为了提高互助资金使用效率，允许扶贫资金互助联合会在民政部门登记注册，实现区域联合。南江县将互助资金联合会定位于独立于政府的非营利性社团组织，鼓励其按照自愿加入、民主管理等原则在民政部门登记注册后投入运转。此外，互助资金联合会还被视为政府购买服务信息平台，为需求方提供产业咨询和技能培训。在联合会的作用下，资金在社员内部实现了季节性配置，为贫困农户提供了资金支持。在互助资金联合会基础上还能够成立互助资金协会。目前，互助资金联合会作为非营利性社团组织，独立于政府运行。互助资金联合会拥有信息优势和熟人社会优势，能够通过与正规金融机构对接，进一步扩大融资渠道，以便为农户提供金额较大的资助。2015年，国务院启动新型农村合作金融试点，主要以专业合作社为依托，在其内部开展信用互助业务，并没有将扶贫性质的贫困村互助资金纳入试点范围。在我国贫困地区，为了更好地落实中央一号文件精神，需要推动互助资金与产业扶贫政策对接，形成"互助资金+专业合作社"等创新模式。通过创新发展模式，助力资金互助社和农民专业合作社最大程度发挥自身优势，在发展中完成脱贫目标。

最后，为了实现贫困互助资金的"民有、民管、民用、民享"目标，应对贫困户进行股权赋权，实行股权分红的收益原则，并对单一社员的持股比例进行限制。产权改革旨在将财政性扶贫资金转化为贫困户的权益，以满足贫困户的获得感。推动产权改革有两种选择，一种是为了体现财政资金的扶贫性质，将资金量化到建档立卡贫困户；另一种是将资金量化到行政村内所有农户，进行互助社股权转化，以确保贫困户能够持有大部分股权。对股权实施分红是合作经济组织比较常见的做法，通过分红能够吸引更多资金的注入，实现资金投入者和需求农户的互利共赢。为了保持合作金融组织由"民主控制"，通常会对股权集中度加以限制，一般情况下，单一社员的持股比例不得超过10%。分散的股权能够为资金互助社实行民主决策和落实民主监督提供制度保障。

（三）山东新型农村合作金融试点推进情况

2021年中央一号文件明确提出"稳妥规范开展农民合作社内部信用合作试点"。发展农村合作金融是深入贯彻落实以习近平同志为核心的党中央提出的实现乡村振兴战略的重要体现，有利于实现金融精准扶贫力度不断加大、金融支农资源不断增加、农村金融服务持续改善等目标，把更多的金融资源配置到农村重点领域和薄弱环节，更好满足乡村振兴多样化、多层次的金融需求。因此，农村合作金融在我国经济发展和金融体系改革中承担着重要职责和使命，也是我国农村金融改革目标的重要组成部分，需要高度重视和重点支持。信用互助作为农村合作金融的创新型模式和典型机制，既是重塑合作金融体系的创新尝试，也是破解农村融资难题的重要举措。因此，开展对典型地区的农民信用互助、资金互助等多种合作金融组织实践探索的研究，对于深化我国农村金融的供给侧结构性改革、实现农业现代化具有深远的现实意义。时至今日，中国农村合作金融已历经近70年的发展和演变，从"一省三县"信用互助试点的发展情况看，农村合作金融仍处于创新发展的初级阶段，成效明显但也有问题存在，需要有针对性地提出举措，促使其更加有效发展。

2014年，国务院安排山东对发展新型农村合作金融进行试点，为全国提供可复制、可推广的经验。为落实国务院指示，山东省政府及相关部门在广泛调研和多方论证的基础上，形成了山东省新型农村合作金融《试点方案》和《暂行办法》，呈报经国务院原则同意、由中国银监会予以审核备案，山东省成为国家唯一全省开展新型农村合作金融改革试点的地区，全面开展了农民专业合作社信用互助业务试点。2019年6月，为推动试点规范健康发展，山东省总结试点经验，制定出台了《山东省农民专业合作社信用互助业务试点管理办法》，对《暂行办法》进行了相应调整，在坚持上述基本特点的前提下，适度放松了监管要求。

1. 试点整体制度框架设计

为推动我国农村合作金融规范发展，2015年1月，山东省启动我国新一轮农村合作金融试点，是目前唯一经国务院批准的正式试点省份，将为全国提供可复制、可推广的经验。试点主要内容是在农民专业合作社内部开展信用互助业务。

我国农村金融改革的目标是"加快建立商业性金融、合作性金融、政策性金融相结合，资本充足、功能健全、服务完善、运行安全的农村金融体系"。但近十年改革发展以来，农村金融体系越来越以商业性金融为主，政策性金融发展不足，合作性金融日渐消失。近年来，银监会明确农信社将加快改制为农商行，从而使作为我国正规农村合作金融组织的农信社逐渐蜕变为商业性金融机构。由银监会新设的农村资金互助社作用有限，且大多处于亏损状态。市场内生成长型农村合作金融组织虽然再度兴起，对解决农民的融资难题发挥了积极作用，但组织形式各异、管理规范性差、监管主体缺失、无金融牌照，甚至出现模仿正规金融机构设点营业的山寨银行。这种涉众面广且监管缺位的市场内生成长型的农村合作金融组织存在较大的金融风险隐患，已经到了不得不高度重视、加快引导、避免其走农村合作基金会老路的关键时期。基于此，2014年中央一号文件指出，要"培育发展农村合作金融，不断丰富农村地区金融机构类型"，并提出了明确要求和基本原则。

从山东省政府下发的《关于印发山东省农民专业合作社信用互助业务试点方案》和《山东省农民专业合作社信用互助业务试点管理暂行办法的通知》的有关内容分析，山东试点的目标是通过规范发展农民专业合作社内部资金互助业务，为"三农"提供最直接、最基础的金融服务。到2017年底，力争初步建立起与山东农村经济相适应、运行规范、监管有力、成效明显的新型农村合作金融框架，使之成为正规金融服务体系的有益补充，更好满足农民金融需求，促进山东农业农村经济发展。

关于试点对象。一是选择规范发展的农民专业合作社开展内部资金互助业务试点，而其他五种模式的农村合作金融组织如扶贫办组织的贫困村互助资金、农民自发成立的资金互助组织等尚未纳入试点范围。二是选择依法取得试点资格，即获得地方金融监管局颁发"资格认定书"的农民专业合作社作为试点对象，而不是将所有自愿开展资金互助业务的农民专业合作社均纳入试点范围。

组织结构主要内容。一是在组织结构上，对经批准参与试点的农民专业合作社内部设立"信用互助业务部"，作为其内设部门开展资金互助业务，而不设独立法人组织；在试点社员之间开展资金互助业务，以服务农民专业合作社生产流通为宗旨；开展资金互助业务试点要实行专门账户管理、独立核算、自负盈亏。二是在社员资格上，参与资金互助业务的社员，包括自然人社员和法人社员都要符合一定条件，如具有农民专业合作社社员资格1年以上，户口或注册地在行政村或乡（镇）等；全体社员出示自愿承担试点风险承诺书。三是在运营管理上，单个社员的资金存放额不得超过同期农民专业合作社用于开展资金互助资金总额的10%；单个社员借用资金额度不得超过互助资金总额的5%；互助资金总额原则上不得超过500万元，可适度扩大规模，但不得超过1000万元；经营地域范围原则上为行政村，一般不得超过乡（镇）；社员出资的互助资金以自愿承诺出借为依据，一旦社员产生融资需求，出资人就应按照承诺提供资金；社员借用资金，由管理人员和社员代表组成的资金发放评定小组评议确定。四是开展资金互助业务试点的农民专业合作社要采取招标形式择优选择一家合作托管银行；互助资金吸收和发放以及结算均通过合作托管银行账户转账处理；托管银行为资金互助业务试点提供业务指导、风险预警、财务辅导等服务；农民专业合作社通过向合作托管银行借款获得季节性、临时性的外源融资。

2. 特点及进展

截至2020年末，山东全省共有210家农民专业合作社开展信用互助业务试点，开展家数较2019年提高27.3%，参与社员1.76万人，互助资金余额0.62亿元。2020年，全省试点农民专业合作社共发生信用互助业务2505笔，互助金额0.72亿元，互助笔数较2019年同期增长4%。自2014年试点以来，全省累计发生信用互助业务 10026 笔，互助金额 3.86 亿元。①

试点的农民专业合作社信用互助业务，是在符合条件的农民专业合作社内部，经依法取得试点资格，以服务合作社生产流通为目的，在社员之间开展的互助性信用合作，目的是为"三农"提供最直接和最基础的金融服务。在试点的制度设计上，信用互助业务试点坚持社员制、封闭性、民主管理原则，不吸储放贷，不支付固定回报，不以盈利为目的，遵循合作社规则进行盈余分配，以最大限度地减少风险外溢，有效服务农民需求。区别于其他互助组织，试点具有以下特点：

一是以规范的农民专业合作社作为依托，不设独立法人。试点参与社需要满足存续期 2 年以上，近 2 年经营收入平均在 300 万元以上，固定资产在 50 万元以上，理事长信誉良好等条件。在经批准参与试点的农民专业合作社内部设立信用互助业务部，仅作为内设部门开展资金互助业务，而不具备独立法人资格；资金互助业务仅限于社员之间开展，以服务本试点参与社生产流通为宗旨；试点参与社实行独立核算、自负盈亏。

二是严格社员资格认定，防控风险。参与信用互助的社员须出具自愿承担风险的书面承诺，一旦发生风险，损失将全部由个人承担。业务开展采取严格措施，防止风险发生和外溢，一方面，严格限制社员的入社年限、居住地（注册地）、出资额度，并将信用互助的经营地域原则上限定在行政村范围内，互助总额原则上不超过 500 万元。另一方面，将资金用途限定为小额分散的生产经营资金需求，借款期限以半年为主，不超过 1 年；对单一社员投放额度的上限不超过总额的 5%；借款金额超过存放额的，需采取社员担保、联保以及房产、林权、土地承包经营权抵（质）押等方式进行增信。

三是引入托管银行制度。开展信用互助业务试点的农民专业合作社采用招标形式，择优选择一家银行业机构，作为其信用互助业务试点账户开立和资金存放、支付及结算的唯一合作托管银行。合作托管银行要为开展信用互助业务试点的农民专业合作社提供业务指导、风险预警、财务辅导等服务。有条件的农民专业合作社，经监管部门批准，可以与合作托管银行开展资金融通合作，满足其季节性、临时性的外源性融资。

四是适度限定信用互助业务的地域经营范围和资金用途。试点设计之初，根据《暂行办法》，农民专业合作社开展信用互助业务试点原则上以行

---

① 2021 年，人民银行济南分行为落实中央一号文件精神，组织快速调研。

政村为经营地域范围，互助资金总额原则上不超过500万元，确有需要的可适当扩大地域范围和资本规模，但不得超过注册地所在乡镇，规模不得超过1000万元。资金主要用于支持农民专业合作社生产经营的流动性资金需求，期限以半年以下为主，一般不超过1年。但随着试点的深入推进，2019年6月，山东省出台了《山东省农民专业合作社信用互助业务试点管理办法》，对《暂行办法》进行调整，放宽了试点地域范围和资金用途。由原限定于试点社注册地所在行政村调整为注册地所在乡镇，经同意可扩展至邻近乡镇，但不得超过所在县（市、区）。由原限定为满足生产经营的流动性资金需求，调整为在满足生产经营需求的前提下，可用于消费性需求，但不得超过互助资金限额的20%。

五是允许变相保留资金池。2019年《山东省农民专业合作社信用互助业务试点管理办法》实施之后，由原严格禁止设立资金池，调整为允许以实缴方式提前归集互助金，但余额不得超过互助资金限额的20%。

六是建立互助资金发放评议小组。根据《山东省农民专业合作社信用互助业务试点方案》要求，依据合作社民主管理原则，建立由农民专业合作社管理人员和社员代表组成的互助资金发放评议小组，行使民主决策权，每年对各位社员出资情况、信用状况、资金需求和使用成本进行一次公开评议，确定并公示出每位社员的授信额度，社员可以此为依据在额度内申请使用互助资金。评议小组的成立，有效解决了目前资金互助中普遍存在的能人主导的内部人控制问题，有利于规避互助资金投向的不合规和发放的不公平等问题；有利于培育农民的民主议事能力，发挥社员间相互监督的作用，以降低互助资金分配和使用风险。

六是健全监管体制机制。明确县（市、区）政府为辖区试点工作组织推动、监督管理和风险处置第一责任人，地方金融监管局作为责任部门具体承担资格认定、日常监管和风险防范等职责。制定信用互助业务操作规程并建立与之相适应的会计、财务制度以及非现场监管、信息披露等一系列监管制度。

3. 运行趋势和试点中出现的问题

山东试点在信用互助业务规范发展、风险防控方面取得一定成效，但在推动业务扩展、提升服务能力方面仍存在明显差距。其中，法律地位不明确、市场定位与实际需求不匹配、各方试点积极性不高、信用互助规模和作用受限、损失吸收机制不完善、外部监管难以有效落实等是试点中存在的突出问题。

①运行趋势

首先，互助业务总体规模较小且呈现萎缩态势。截至 2020 年末，全省累计发生信用互助业务 10026 笔，互助金额仅有 3.86 亿元，总体规模偏小。此外，试点社数量、社员人数和业务发生额均呈现萎缩态势。根据 2018 年末数据，山东省试点社数量为 460 家，社员人数 3.2 万人，业务发生额 0.87 亿元。截至 2020 年末，相比 2018 年同期，试点社数量减少至 210 家，社员人数减少至 1.76 万人，业务发生额降低至 0.72 亿元。

其次，满足了农户的小额资金需求，但贷款成本偏高。试点以来，全省信用互助业务单笔金额平均为 3.8 万元，期限一般在 3~6 个月，借款程序相对快捷，一般 1~2 天就可以放款，一定程度上满足了农民"短、频、急"的小额资金需求。但与正规金融相比，信用互助业务并没有价格优势。调查显示，信用互助业务的年化贷款利率集中在 6%~10%，部分业务的利率甚至达到 15% 左右，高出同期银行贷款利率。特别是，随着近年来商业银行普惠金融业务的深入开展，农村普惠金融贷款利率普遍低于 6%，相对而言，信用互助业务的资金价格明显偏高。

再次，区域发展不均衡，个体表现良莠不齐。受地方经济发展水平、产业结构、人员素质、领导重视程度以及专业合作社自身基础条件等因素影响，信用互助业务发展在不同地区和不同试点社之间存在较大差异。从地区层面看，经济发展水平高、农业基础好、地方政府推动力度大的地区，比如潍坊、烟台等地，获得试点资格的专业合作社以及实际开展互助业务的专业合作社数量比较多，互助业务相对发展较好；但经济发展相对落后，特别是区域金融风险水平偏高的地区，比如东营、滨州、德州等地市，试点社已经基本退出。从合作社层面看，发展规范、实力较强的合作社业务开展得相对较好，个别合作社业务量达到 2000 万元以上，而相当数量的合作社，由于主客观原因，业务开展不活跃甚至长期不开展业务，退出试点或被取消试点资格。

②试点工作暴露的主要问题

山东省新型农村合作金融试点整体上并未实现预期目标，除受经济下行和疫情影响外，试点自身存在的多方面问题是主要原因。

一是法律地位不明确。尽管国家鼓励农民专业合作社开展信用合作，但现行法律法规对于农民合作社内部开展信用互助还没有相应的条款和规则。2017 年全国人大对《农民专业合作社法》的修订中，也没有将信用合作列入合作社业务范围。在法律地位不明确、缺乏相对应的法律依据的情况下，试点过程中存在担心触犯法律、背上非法吸储放贷的罪名，出现纠纷相应权利无法得到有效保障等各方面的担心。同时，由于信用互助业务不属于合作社内设机构，不具有法人地位，在开展信用合作时，农民专业合作社实际上是互助金借入和借出的法律主体。一旦发生法律纠纷，农民专业合作社全体社员都将承担责任，造成参与和未参与信用互助社员权责不统一、法律责任不清楚。

二是市场定位与实际需求不匹配。信用互助试点定位于提供小额、分散、短期资金支持，与当前"三农"尤其是乡村振兴的实际金融需求不完全匹配，普遍存在"大不足、小不用"的情况。对大额资金需求而言，随着农业规模化、产业化发展，农村大额资金需求的比例明显上升，而信用互助整体规模小、单笔发放额度低，无法提供有效支持。对小额资金需求而言，正规金融机构普惠金融业务对信用互助产生了明显的替代效应。近年来，各大银行机构充分利用资金和技术优势，采取有力措施加大对"小微企业"和"三农"的支持力度，并采取"扫街、扫园、扫村、扫户"等方式将信贷服务下沉至农户，在一定程度上解决了农村相当部分金融需求，挤占了原本属于信用互助业务的目标市场。

三是地方政府、发起人及社员、托管银行等各方积极性不高。从实际情况看，信用互助业务试点的参与各方的积极性都不是很高。首先，由于历史上农村合作金融发展的曲折性和反复性，特别是受过去农村基金会等金融风险事件的影响，部分地方政府对试点的顾虑较多。特别是近年来山东省处于金融风险高发期，明确地方政府为试点风险处置的第一责任人，使得地方政府在组织推动信用互助试点方面，更为谨慎也更加注重风险防控。其次，规范发展抑制了信用互助业务发起人以及参与社员的积极性。在试点前发生的资金互助活动中，能人大户等作为发起者看重资金使用的便利，参与社员则看重高于同期存款的利率回报以及资金使用的快捷便利。但试点要求不设资金池，不能支付固定回报，原有的利益驱动被打破；而规范化后的互助业务手续环节增多、运行成本增加、收益盈余较低，很难达到社员期望且需要自担风险，很大程度上抑制了社员参与意愿。调查发现，多数合作社参与信用互助的社员占全部社员的比重较低，多数在30%以下，最低的仅为1%左右。最后，合作托管银行主要提供互助金存放、支付和结算等基础性服务，收费较低甚至是义务劳动，没有收入补偿；虽然可通过为合作社提供资金融通服务进行适度补偿，但出于风险考虑，托管银行基本没有开展相关业务。

四是信用互助规模和作用受限。从资金来源看，信用互助资金主要来源于符合条件的社员自愿出资和合作社货币股金。根据自然人社员存放资金额或承诺出资额规定，按照山东省 2020 年农民人均收入 1.8 万元测算，社员存放在信用互助账户中的信用互助资金额度不超过 9 万元。在社员参与度不高的情况下，社员出资规模偏小，加之多数合作社难以从外部融资，信用互助业务可用资金有限。与此同时，使用信用互助资金仍需抵押担保，无疑会将部分因缺乏有效抵押担保品而不得不寻求信用互助的社员排斥在外。更为重要的是，业务范围主要限定在合作社内部，合作社多数社员生产经营具有同质性和同步性，资金使用相对集中，易出现"高峰期"互助资金难以到位，而"低谷期"资金闲置的情况，无法进行跨季节、跨行业和跨区域调剂。调查中还发现，多数合作社要求社员必须出资才能获得信用互助资格，但实际上有闲置资金的社员往往不需要资金，而需要资金的社员又多数无力出资。这些制度规定限制了信用互助作用的有效发挥。

五是损失吸收机制不完善。信用互助业务试点由社员承诺风险自担，重在通过设立社员准入门槛、限制互助资金规模、经营区域、资金用途等制度设计进行事前风险防控，而没有可用于吸收损失的有效资本以及相应的机制设计。一旦发生风险，社员农户作为信用互助的主体，无论从自身经济条件还是金融、法律以及诚信意识上来讲，其出具的自愿承担风险的承诺书都很难具有实际效力。特别是在实缴制下，一定金额以下可以自动扣划款的制度设计，在农户与合作社之间实际上建立了委托代理关系。如若发生损失，作为委托人的农户必然向合作社追索，风险将不可避免地向合作社甚至地方政府转嫁。尽管在目前严格限定业务规模的情况下，发生风险的概率不大，但缺乏有效的损失吸收机制，始终是阻碍信用互助业务良性发展的隐患。

六是监管框架存在问题且外部监管难以有效落实。一是监管主体责任落实不到位。2017 年全国金融工作会议明确，强化地方金融监管部门对辖区内开展信用互助的农民专业合作社的监管。目前，部分地方未将此项工作监管责任严格落实到地方金融监管部门，而是由当地农业农村部门从对农民合作社的运营监管、指导角度来引导信用互助业务发展。二是监管职责边界不清晰。除合作社内部信用互助以外，部分地方以农民资金合作社、扶贫互助社等名义开展信用互助，还存在以工艺社团名义登记注册的组织开展信用互助，但缺乏对这类组织监管主体及责任的规定，存在监管边界不清晰的问题。三是中央牵头职责不明确。2017 年全国金融工作会议明确了地方金融监管部门的监管职责，但未明确中央层面统一规则等事项的牵头部门。此外，试点合作社位于农村，分布高度分散，县级金融办作为信用互助业务的审批和日常监管部门，监管力量薄弱，监管经验和专业人才匮乏，加之监督技术和措施有限等原因，信用互助业务的外部监管难以有效落实。据调查，2018 年政府机构改革以来，县（市、区）级因压缩机构编制等原因，已经没有独立的地方金融监管机构（大部分在县发改部门挂"地方金融监管局"牌子，但一直没有配备专门的工作人员），各县（市、区）负责信用互助业务监管的仅有 1 名工作人员且兼任其他工作，在各乡镇、街道也没有对应的业务站所，难以有效规范信用互助业务发展和防控风险。一旦控制不力，就可能存在潜在非法集资风险，给地方维稳带来压力。

4. 典型案例①

案例 1：青州家家富果蔬专业合作社做到"三个坚持"建立 "三项机制"信用互助试点效果好

青州市家家富果蔬专业合作社成立于 2010 年 6 月，成员出资总额 8000 万元，社员 4000 余人，理事长李庆凯。该社业务范围为组织采购供应社员种植果品、蔬菜所需的农业生产资料，组织收购销售社员种植的果品、蔬菜，为社员提供果品、蔬菜保鲜服务和果蔬种植技术信息咨询服务；该社于 2015 年 6 月取得信用互助试点资格，参与社员人数 1219 人；自业务开展以来累计发放信用互助金 300 余笔、金额 1100 万元；2020 年末互助金余额 30 笔、金额 104.5 万元。主要做法如下：

一是尊重社员意愿，广泛凝聚各方共识。近些年来，针对农民闲置资金的利用率水平较低，银行贷款的季节性需求度旺盛的情况，现有的农村传统金融机构已难以满足合作社特别是普通农户社员"小额、短期、分散"的资金需求和金融服务。2015 年 2 月全省试点工作启动后，该合作社广泛征求社员意见，积极争取有关政府部门理解支持，主动申请参与首批试点。

为了保证试点工作顺利开展，该合作社从宣传培训入手，做到"两个到位"。一是理事会成员认识到位。2015 年前后，合作社先后十几次参加省、市金融办组织的业务培训会、座谈会和现场观摩会，聆听吴晓灵委员等专家、领导授课辅导。理事会成员通过研究讨论，一致认为，开展这项

---

① 感谢人民银行济南分行研究处提供案例。

信用互助业务，有利于促进合作社生产合作和销售合作，有利于增强合作社凝聚力和品牌效应，有利于缓解合作社和社员融资难题和增收致富。二是社员认识到位。试点之初，积极参加市里组织的各类政策宣讲和培训，系统了解了基本的金融知识、信用互助运作方式、风险防控手段等内容。各村服务站长带着省金融办编印的培训教材，进村入户，到田间地头，通过发放小册子、明白纸、播放电影、文艺演出等形式，普及信用知识，使广大社员从不认识、不理解到逐步接受、主动要求参与，为试点工作顺利开展奠定了坚实的基础。

二是严格社员身份界定，合理确定试点方案。为确保试点成功，该合作社本着积极稳妥的原则，严格按照省里的试点方案规定的资格条件，合理确定试点方案，做到"三个坚持"。一是坚持社员自愿。社员必须经过教育培训，了解业务内容，自己本人决定是否参加信用互助业务，所有申报材料必须由本人签字，银行卡账户由本人签约开通，承诺出借的资金要主动存放并同意银行划转。二是坚持社员资格规定。该合作社注册地址位于青州市高柳镇，共有法人社员 6 户，农民社员 4585 户，涉及全市 5 个镇（街道），仅高柳镇的社员就有 2000 余户。试点工作启动后，社员参与试点的积极性很高，其他 4 个镇（街道）的社员有的要求参与试点，高柳镇有些入社不足 1 年的社员甚至是一些普通老百姓也想临时现场入社参与试点。经过理事会研究筛选和市金融办审核确认，最终确定 3 户法人社员和高柳镇的 1216 名社员有资格首先参与试点，单个自然人社员存放资金额不超过 5 万元，互助资金总额 1000 万元。三是坚持社员制、封闭运行。自试点至今，该合作社始终坚持互助资金的提供方和使用方，必须是本社社员，绝不超出此范围吸收或发放资金，绝不扩展到合作社之外。

三是坚持规范运作，试点工作初见成效。试点工作展开后，该合作社组建了信用互助业务部，建立健全了"三个机制"。一是资金使用决策机制。合作社成立了资金使用评议小组，成员由 2 名理事会人员、3 名村服务站站长和 2 名社员代表组成。充分利用各村服务站站长熟悉社员生产经营状况以及家庭、人品等情况的优势，以自然村为单位，由各村服务站站长牵头，对各村社员出资情况、信用状况、资金需求和使用成本进行提报，评议小组集体评议后，确定每位社员的授信额度并予以公示。二是内部控制机制。通过社会招聘和内部选调确定了 6 名熟悉银行、财会、计算机知识的业务骨干，单独设立了信用互助业务部。农行对互助部人员进行了指导培训，帮助合作社制定了资金发放前审查、发放时审批、发放后检查等审查程序和操作规程，农行高柳支行为合作社设立了专门的"绿色通道"，还利用节假日安排专人带着设备进村入户，主动上门服务，极大地方便了社员办卡开户。市金融办统一印制了信用互助专用账簿、凭证，逐本编号，并协调会计师帮助合作社建立健全了财务、会计制度。三是风险防控机制。合作社与市金融办、农行签订了三方合作监管协议，不设资金池，吸收和发放资金以及结算都通过银行账户处理，自觉接受监管，按月及时报送业务报表。由于合作社对社员实行统一种苗供应、统一技术指导、统一检验标准、统一农资供应、统一产品销售的"五统一"合作模式，可以有效监督社员的资金使用情况和生产经营情况，为了体现信用互助"小额、方便、快速"的特点，合作社允许无法提供抵押或担保的社员，以流转土地承包经营权或瓜菜回收货款等做抵押，在有效防范风险的同时，提高了资金审批和发放效率。

案例2：金乡县京信种植专业合作社坚持"四项原则"，做好"四个定位"推动合作金融见实效

金乡县京信种植专业合作社成立于2013年2月，注册资金1000万元，社员5000余人，主要从事农田托管、农副产品购销、农资销售、肉鸭养殖、桃树推广业务。2015年6月取得信用互助业务试点资格，参与社员310人，互助规模1000万元。目前该社在全县11个镇街设立了综合为农服务中心13处、村级供销社10处、村社共建点406处，配套建有2万吨仓储物流中心、10万吨有机肥厂、智能配肥站一处、大型植保机械70台，建立了500亩绿色标准化种植基地和鲁西南良种繁育综合试验站，并牵头成立了金乡县大蒜种植协会、京信农业科学研究院、联合山东省农科院成立了大蒜产业技术研究院。自业务开展以来到2020年末，该社累计发放信用互助金402笔、金额1629万元，在带动社员致富的同时实现了零风险。

主要做法与成效。该社坚持信用互助以实体经济为支撑，服务于农村生产经营，把信用互助作为吸引农民入社，参与合作社生产经营的纽带和桥梁。突出表现在"四个坚持"：坚持社员"准入规范"原则。参与信用互助的社员需满足加入合作社时间超过1年、年龄不超过55周岁等条件，出资方式仅限现金，不得超过同期该合作社用于开展信用合作互助资金总额的20%，互助资金总额不高于1000万元。坚持轻盈利、重发展原则。始终坚持互助微利的市场定位，为农民提供免费种养技术培训和服务，并以高于市场价收购农民农产品，使农民参与经营有利润，借款有让利，增强了

合作社的凝聚力。通过信用互助，社员发现提供资金不仅收益比银行高，缺钱时还可得到低费率的互助金，致富有门路有保障，都积极主动入社，踊跃参与项目经营，实现良好的互促效应。坚持资金安全至上原则。该社实行"两头扎死、封闭运行、内部互助"的管理模式，按照"八步流程"（签订出资承诺书→开立账户→评议授信→借款申请→审核审批→签订合同→资金归集发放→借后管理），注重"三个环节"（借前调查、借中审批、借后跟踪），落实"一借两保"（一名社员借款，两名社员担保）及"借款保险"（借款人每笔购买 70 元的履约保险，合作社是第一受偿人），建立风险补偿保障基金（通过发展养殖业，合作社从养殖、服务、防疫用药、饲料等环节收取一定的服务费作为风险保证金，用于不良互助金和养殖风险处理），全面确保互助金安全。通过实施一系列的"组合拳"，有效控制了资金风险，自业务开展以来未发生一笔不良贷款。坚持小额、短期、分散原则。明确互助资金只向参与信用互助业务试点的本社社员发放，主要用于支持社员生产经营的流动性资金需求，单笔限额不超过 5 万元，期限一般不超过 1 年，采取"以信用担保为主，以经济担保为辅"的方式。与银行贷款相比，担保条件宽松，放款较快，利率较低。自业务开展以来到 2020 年末，该社累计发放信用互助金 402 笔、金额 1629 万元，带动社员发展种植、养殖、加工、农资及农产品销售项目 68 个，直接经济效益达 870 万元。

启示与借鉴。信用互助试点增强了社员间的凝聚力和向心力，实现了合作社规模壮大和社员增收致富的"双重"目标。一是明确发展定位。为确保试点方向不跑偏，该社明确不以营利为目的，资金互助营业费用的 79% 来自社内补助，经营重心是通过资金互助业务拓展合作社股东社员，扩大农民对合作社产品、技术与服务的认知度，吸引更多农户加入专业合作社规模经营，提高合作社竞争品牌，实现社农抱团发展。二是激发内生动力。该社将信用互助嵌入现代农业一体化、信息化、专业化服务范畴，互助主体仅限于入社农户，互助项目控制在种养殖范围内，一方面能够利用合作社自身资源、组织、产业、市场、技术以及管理优势，为互助社员提供产前、产中、产后全流程服务，有效防控风险外溢，稳定预期收益；另一方面在资金互助过程中易于实施分类管理与批量核审，可以形成集成化、模块化、链条式供给机制，更好适应农户种养"短、频、急"资金需求。三是坚持互动融合。实体经济是基础，信用互助是助力，自开展试点以来该社信用互助、农田托管、农副产品购销、农资销售、肉鸭养殖、桃树推广等"六大板块"业务同步发展，既切实解决了农民创业的要素保障问题，又帮助解决了合作社发展的资金瓶颈制约问题。四是严格防控风险。该社制定了严格的风险管理制度和风险报告制度，风险管理体系实现了事前、事中、事后全面覆盖。事前由两名社员对借款社员进行全方位调查并形成书面报告，审批环节采取民主投票方式，注重公平公正；事中严格落实"一借两保"和"借款保险"，联合三方（合作社、社员、公司）成立风险补偿准备金，并实行资金托管；事后开展定期检查、电话回访，严控两本账、违规放款等行为。通过严格流程管理，并配以风险分担和补偿机制保障，实现了互助业务平稳持续快速发展。

案例3：安丘市樱红樱桃专业合作社创新开展跨社信用互助业务 着力帮助解决社员融资难题

安丘市樱红樱桃专业合作社成立于2008年3月，成员出资总额10.8万元，社员172人。业务范围为樱桃的种植、收购、销售一条龙服务，并为社员提供相应的技术指导、物资供应。该社于2015年6月取得信用互助试点资格，参与社员人数72人。自业务开展以来到2020年末，该社累计发放信用互助金70余笔、金额325万元，到2020年末互助金余额12笔、金额31.5万元。主要做法如下：

一是做好宣传引导，打消社员顾虑。安丘市樱红樱桃专业合作社是由安丘市供销联社指导成立的合作社，先期已在供销联社的指导下开展过资金互助，对资金互助也有一定的认识。在确定开展信用互助试点后，有的社员已适应了以前的借款模式，对试点的新模式提出了质疑。为让全体社员更加全面深入地了解信用互助试点的条件、流程、要求及意义，合作社根据《山东省农民专业合作社信用互助业务试点管理暂行办法》的相关要求，编制了农民专业合作社信用互助试点业务明白纸，由合作社的理事会成员将明白纸发放到每位社员手中，详细讲解信用互助试点工作的相关内容。通过宣传推广，该合作社于2015年5月30日召开了社员大会，一致表决同意合作社开展信用互助试点，通过了《安丘市樱红樱桃专业合作社章程》修正案，参与信用互助的社员签订了《自愿承担风险承诺书》。

二是强化建章立制，有效防范风险。完善各项制度。根据《管理暂行办法》规定，制定了《安丘市樱红樱桃专业合作社业务工作守则》《安丘市樱红樱桃专业合作社信用互助"436"》（坚持四项原则、规范三项内容、完善六步流程）、《安丘市樱红樱桃专业合作社信用互助风险报告制度》和《安丘市樱红樱桃专业合作社业务公示制度》等相关规章，切实做到按规定办事。严格管理规范。该社成立资金互助部，配备了具有相应能力的信用互助部经理和财务人员，电脑、打印机、档案柜等设施齐全，账簿、合同等规范存放。完善借款流程。经社员代表大会选举产生了资金评议小组，借款人需要借用资金时，首先要向互助部提出借款申请，互助部工作人员进行借款调查，出具调查报告，待评议小组评议后审批发放借款。该社借款全部实行社员担保制度，采用联保模式，在一定程度上有效地避免了资金使用的风险。

三是业务公开透明，禁碰监管红线。该社充分发挥评议小组职能，每年对社员的出资情况、信用状况、需求和使用成本进行公开评议，确定每位社员的授信额度予以公示，每季度将互助资金的使用情况向社员列表公示，做到业务阳光化。严格按照相关规定开展业务，坚持封闭运行，不吸储放贷，不对外公开设立营业网点、代办点，不对外公开宣传，做到既要坚持"底线"，又要筑牢"防线"，最大限度地防控风险因素。

四是探索开展跨社信用互助，试点效果显著。随着业务规模逐渐扩大，该社先后牵头领办了利源大蒜、田香草莓、庆亮果蔬、天桥子春谷、农丰土地等股份专业合作社。在日常经营中，由于经营品种的不同，不同合作社收获季节也不尽相同，对资金需求时间点不一样。为此合作社负责人创新提出，基于前期开展信用互助业务的经验，在政策允许范围内探索以联合社的形式开展信用互助业务，即如有一个专业合作社耕种旺季急需资金，可从别的合作社借款进行资金调剂，这样能够让各个合作社的资金灵活运用起来。

经向地方金融监管局申请，2018年11月"安丘市石埠子镇农民专业合作社联合社"正式获批，樱红樱桃、田香草莓、孟家旺大樱桃种植、利源大蒜等5家农民专业合作社开展跨社信用互助业务，截至目前共开展跨社资金互助业务16笔、金额达132万元。该社社员孟凡强表示，得益于信用互助试点，自家的樱桃大棚由原先的2个扩建到了5个，好年景时年净收入达到15万元左右。"手续简便、到款快、值得信任"也是社员们对信用互助业务的一致评价，参与互助的社员尝到了试点的"甜头"，以前未参与互助的社员现在也纷纷提出申请想要加入互助试点中。试点以来，樱红樱桃专业合作社樱桃大棚面积达100亩，较初期扩大了1.2倍，信用互助业务真正帮助农民解决了贷款难的现实问题。据了解，随着现代农业格局的构建，设施农业、观光农业、创意农业等融合发展产业将会成为农业发展的主流，农民专业合作也将趋向机械化、标准化、高端化，资金需求额度也将大幅增加，开展跨社资金调剂，增强了资金互助的灵活性，也有利于农民信用互助业务的持续发展，是大势所趋。

5. 政策建议及启示

为更好推动山东省新型农村合作金融试点，结合调研反映的问题以及一些经营业绩良好的典型试点案例，提出以下建议：

①政策层面的建议

尽快明确法律地位。建议国家适时修订《农民专业合作法》，将信用互助纳入合作社经营范围，并制定相应的条款和规则，明确农民专业合作社信用互助业务的法律地位，为信用合作的开展提供法律依据和保障。

探索设立独立法人。依托符合条件的一个或几个农民专业合作社，设立独立的信用互助法人组织，独立核算，自负盈亏，与所依托的专业合作社在财务上完全隔离。以股金或互助金的方式吸收资本，注重提升资本质量，可考虑设置相应的资本充足率指标要求，确保资本具有足够的损失吸收能力，引导社员参与法人治理。对于独立的信用互助法人组织，在达到一定规模和监管要求的情况下，经向地方金融监管部门提出申请并获得批准后，可允许其面向内部社员以合理的价格吸收存款。

适当放宽业务限制。一是应体现地区发展水平和个体差异，对运营状况良好、资产规模较大、社员财务状况较好的合作社，适当放宽单个社员出资上限，扩大互助资金规模。而对经营项目好、信用程度高、融资需求较大的社员，也应适当提高借款额度；同时，应充分发挥合作社的信用平台作用，鼓励更多地发放信用借款。二是适当扩大互助业务地域范围。在风险可控的前提下，适当扩大信用互助业务地域范围，可考虑依托产业链条或在地域相近且资金使用互补性强的合作社之间组织开展跨社信用互助。在设立独立法人的情况下，可探索在不同信用互助法人组织间建立资金调节机制。但无论采取何种形式，信用互助业务地域范围原则上还应限制在县域以内。

积极对接正规金融。进一步强化托管银行制度，发挥托管银行在业务指导、资金监管等方面的作用；同时，在具备一定条件的地区，可考虑依托合作社为信用增进平台，通过担保贷款、委托贷款、批发贷款等方式，建立托管银行与合作社及信用互助组织间的资金通道，扩展信用互助资金来源。地方政府和相关部门，可通过贴息、风险补偿、流动性支持等方式加大对相应托管银行的引导和鼓励。

建立健全外部监管。建立完善强有力的外部监管是扩大信用互助规模、探索设立独立信用互助法人的前提条件。应健全完善地方金融监管体制，尽快充实地方金融监管力量，提高监管能力和水平，应针对信用互助业务建立明确的监管规则，加强对信用互助组织的现场和非现场监管，监督引导信用互助组织合规经营。为提升监管效能，可考虑由地方金融监管局实行分类监管：对依托于生产、供销等合作社，不吸收存款、只吸收社员股金，且只在社员内部开展互助业务的信用互助，实行非审慎的监管；而对可吸收存款的独立信用互助法人，则应参照存款类机构的标准实行审慎监管。

②实践层面的建议：**总结推广典型案例经验**

加强宣传培训，提高社员和管理人员对合作金融的认识水平和参与积极性。例如，青州家家富果蔬专业合作社为了保证试点工作顺利开展，从宣传培训入手，做到"两个到位"。一是理事会成员认识到位。2015年前后，合作社先后十几次参加省、市金融办组织的业务培训会、座谈会和现场观摩会，聆听吴晓灵委员等专家、领导授课辅导。理事会成员通过研究讨论，一致认为，开展这项信用互助业务，有利于促进合作社生产合作和销售合作，有利于增强合作社凝聚力和品牌效应，有利于缓解合作社和社员融资难题和增收致富。二是社员认识到位。试点之初，积极参加市里组织的各类政策宣讲和培训，系统了解了基本的金融知识、信用互助运作方式、风险防控手段等内容。各村服务站站长带着省金融办编印的培训教材，进村入户，到田间地头，通过发放小册子、明白纸、播放电影、文艺演出等形式，普及信用知识，使广大社员从不认识、不理解到逐步接受、主动要求参与，为试点工作顺利开展奠定了坚实的基础。又如，安丘市樱红樱桃专业合作社为让全体社员更加全面深入地了解信用互助试点的条件、流程、要求及意义，合作社根据《山东省农民专业合作社信用互助业务试点管理暂行办法》的相关要求，编制了农民专业合作社信用互助试点业务明白纸，由合作社的理事会成员分头将明白纸发放到每位社员手中，详细讲解信用互助试点工作的相关内容。通过宣传推广，该合作社于2015年5月30日召开了社员大会，一致表决同意合作社开展信用互助试点，通过了《安丘市樱红樱桃专业合作社章程》修正案，参与信用互助的社员签订了《自愿承担风险承诺书》。再如，沂源双义果蔬专业合作社在加大宣传方面，发放信用互助倡议宣传书，通过了《沂源县双义果蔬专业合作社章程》修正案，参与信用互助的社员签订了《自愿承担风险承诺书》，全体社员充分了解合作社信用互助试点的条件、流程、要求和意义。通过宣传推广，社员对信用合作的认知程度大幅提升，参与试点的积极性明显提高。

严格界定社员身份，坚持遵守社员自愿、互助资金封闭运行等合作金融原则。例如，青州家家富果蔬专业合作社为确保试点成功，本着积极稳妥的原则，严格按照省里的试点方案规定的资格条件，合理确定试点方案，做到"三个坚持"。一是坚持社员自愿。社员必须经过教育培训，了解业务内容，自己决定是否参加信用互助业务，所有申报材料必须由本人签字，银行卡账户由本人签约开通，承诺出借的资金要主动存放并同意银行划转。二是坚持社员资格规定。该合作社注册地址位于青州市高柳镇，共有法人社员6户，农民社员4585户，涉及全市5个镇（街道），仅高柳镇的社员就有2000余户。试点工作启动后，社员参与试点的积极性很高，其他4个镇（街道）的社员有的要求参与试点，高柳镇有些入社不足1年的社员甚至是一些普通老百姓也想临时现场入社参与试点。经过理事会研究筛选和市金融办审核确认，最终确定3户法人社员和高柳镇的1216名社员有资格首先参与试点，单个自然人社员存放资金额不超过5万元，互助资金总额不高于1000万元。三是坚持社员制、封闭运行。自试点至今，该合作社始终坚持互助资金的提供方和使用方，必须是本社社员，绝不超出此范围吸收或发放资金，绝不扩展到合作社之外。如金乡县京信种植专业合作社坚持社员"准入规范"原则。规定参与信用互助的社员需满足加入合作社时间超过1年、年龄不超过55周岁等条件，出资方式仅限现金，不得超过同期该合作社用于开展信用合作互助资金总额的20%，互助资金总额不高于1000万元。为确保试点方向不跑偏，该社明确不以盈利为目的，资金互助营业费用的79%来自社内补助，经营重心是通过资金互助业务拓展合作社股东社员，扩大农民对合作社产品、技术与服务的认知度，吸引更多农户加入专业合作社规模经营，提高合作社竞争品牌，实现社农抱团发展。再如，沂源双义果蔬专业合作社在章程中明确提出，在互助服务中牢牢坚持"三必须"原则：其中之一就是必须为本社社员，能够互相了解、知根知底。

规范互助资金的管理和使用。例如，青州家家富果蔬专业合作社启动了资金使用决策机制，成立了资金使用评议小组，成员由2名理事会人员、3名村服务站站长和2名社员代表组成。充分利用各村服务站站长熟悉社员生产经营状况以及家庭、人品等情况的优势，以自然村为单位，由各村服务站站长牵头，对各村社员出资情况、信用状况、资金需求和使用成本进行提报，待评议小组集体评议后，确定每位社员的授信额度并予以公示。金乡县京信种植专业合作社坚持小额、短期、分散的资金使用原则。明确互助资金只向参与信用互助业务试点的本社社员发放，主要用于支持社员生产经营的流动性资金需求，单笔限额不超过 5 万元，期限一般不超过 1 年，采取"以信用担保为主，以经济担保为辅"的方式。安丘市樱红樱桃专业合作社加强资金管理，成立资金互助部，配备了具有相应能力的信用互助部经理和财务人员、电脑、打印机、档案柜等设施齐全，账簿、合同等规范存放。

沂源双义果蔬专业合作社提倡互助资金必须服务农业生产经营，用途仅限于社员建设蔬菜大棚，购买化肥、农药、薄膜、种子，而其他非农业生产用途的用款需求一律不批。

强化风险防控意识，力求稳健经营。青州家家富果蔬专业合作社在风险防控机制建设方面，与市金融办、农行签订了三方合作监管协议，不设资金池，吸收和发放资金以及结算都通过银行账户处理，自觉接受监管，按月及时报送业务报表。金乡县京信种植专业合作社坚持资金安全至上原则。该社实行"两头扎死、封闭运行、内部互助"的管理模式，按照"八步流程"（签订出资承诺书→开立账户→评议授信→借款申请→审核审批→签订合同→资金归集发放→借后管理），注重"三个环节"（借前调查、借中审批、借后跟踪），落实"一借两保"（一名社员借款，两名社员担保）及"借款保险"（借款人每笔购买 70 元的履约保险，合作社是第一受偿人），建立风险补偿保障基金（通过发展养殖业，合作社从养殖、服务、防疫用药、饲料等环节收取一定的服务费作为风险保证金，用于不良互助金和养殖风险处理），全面确保互助金安全。通过实施一系列的"组合拳"，有效控制了资金风险，自业务开展以来未发生一笔不良贷款。此外，该社制定了严格的风险管理制度和风险报告制度，风险管理体系实现了事前、事中、事后全面覆盖。事前由两名社员对借款社员进行全方位调查并形成书面报告，审批环节采取民主投票方式，注重公平公正；事中严格落实"一借两保"和"借款保险"，联合三方（合作社、社员、公司）成立风险补偿准备金，并实行资金托管；事后开展定期检查、电话回访，严控两本账、违规放款等行为。通过严格流程管理，并配以风险分担和补偿机制保障，实现了互助业务平稳持续快速发展。安丘市樱红樱桃专业合作社完善借款流程，有效防范风险。经社员代表大会选举产生了资金评议小组，借款人需要借用资金时，要向互助部提出借款申请，互助部工作人员进行借款调查，出具调查报告，待评议小组评议后审批发放借款。该社借款全部实行社员担保制度，采用联保模式，在一定程度上有效避免了资金使用的风险。沂源双义果蔬专业合作社坚持稳健经营，将借款额控制在中小额范围内，对社员确有大额资金需求的，由合作社协商托管银行解决。同时，为有效规避风险，信用互助资金借款期限控制在一年以内，在有效满足社员生产经营需求的同时，切实降低了风险，数据显示，该社互助金未出现一笔不良贷款。

勇于突破、大胆创新。安丘市樱红樱桃专业合作社创新开展跨社信用互助业务。随着业务规模逐渐扩大，该社先后牵头领办了利源大蒜、田香草莓、庆亮果蔬、天桥子春谷、农丰土地等股份专业合作社。在日常经营中，由于经营品种的不同，不同合作社收获季节不尽相同，对资金需求时间点不一样。为此合作社负责人创新提出，基于前期开展信用互助业务的经验，在政策允许范围内探索以联合社的形式开展信用互助业务，即如有一个专业合作社耕种旺季急需资金，可从别的合作社借款进行资金调剂，这样能够让各个合作社的资金灵活运用起来。

三、发达国家关于农村合作金融的 发展实践及经验

（一）德国农村合作金融

1. 起源

德国是农民合作社等合作金融组织的发源地之一。受合作金融思想影响，为了帮助农民和小企业主解决资金困难，德国开始探索组建互助合作组织。1847年，舒尔茨在德国组建了为木匠和手工业者提供服务的原料联合会，是德国历史上第一个具有合作社性质的组织，联合会将"自我帮扶、自我管理、自我负责"作为活动准则。1848年，德国组建莱福艾森协会，业务包括农产品的收购、加工和销售。1849年，组建了佛拉梅斯佛尔德清寒农人救助社，将农民联合起来保护自身利益，并组建了合作社。合作社的运行遵守罗虚代尔原则，制定了农民入社自愿、退出自由、平等互助的基本原则，不以营利为目的，致力于为社员提供互助合作。

在合作组织投入运行之后，人们很快发现，农民在生产中除了种子、肥料、农具等基本生产资料外，还需要投入资金维持生产和销售。鉴于此，信用合作在农业生产领域应运而生，同时，城市手工业者之间的信用互助也随之出现。1850年，具有信用合作社性质的"贷款协会"正式成立，主要为城市工商业者提供资金借贷服务。1854年至1864年间，为了使农民免受高利贷盘剥，德国先后创办了"赫德斯多夫储蓄借贷协会""普鲁士农民信用合作社"等合作组织。其中，1864年的莱福艾森信贷合作社被认为是最早的农民信用合作社雏形。随着业务范围不断扩大，1872年，莱茵地区组建了首家农民信用合作社"莱茵农业合作银行"，1877年，由24家地方信用合作社组成中央联合机构。与舒尔茨在城市地区建立的信用合作社不同，莱福艾森信贷合作社具有慈善性质，社员肩负无限责任，其地方社隶属于中央社。莱福艾森信贷合作社不设股金、不支付股息，组建时将道德品行作为入社标准之一，依靠城市机关和教会获得资助，集资对象包括个人、团体及合作社联盟。在个人信用担保下，发放贷款，且全部利润不对

社员进行分配。根据合作社规定，入社成员及其全部财产对信用合作社肩负无限责任。在组织结构方面，根据莱福艾森原则，地方合作社应隶属中央，以中央信用合作社为管理中枢，为地方合作社提供合作平台，将各地农民和社员联合起来，为农民利益发声，提高农民生活水平，保障农民权利。

莱福艾森信贷合作社在德国的萌生与德国的文化传统和当时的历史环境密切相关。19世纪50年代，德国农民获得人身自由，成为独立的劳动者，劳动力释放的同时，如果缺乏生产资料则仍然无法投入生产，形成生产力。而当时获取生产资料的唯一途径就是使用资金进行采买。此时的农民除了人身自由外几乎一无所有，无论向地主还是教会求助都难以获得所需的生产资金，商业机构由于追逐利润，并不愿意为农民提供贷款。在此情况下，只有农民之间形成互助才能从根本上解决问题，信用合作社的产生将农民手里的资金归集起来，互帮互助，为彼此提供资金支持。对于生产资料的资金需求，形成了农民信用合作社发展的内生动力，创新了农民信用互助的组织形式。互助组织拥有严格的管理规定，对于那些不遵守规定和破坏规定的社员，互助组织将对其进行剔除，拒绝对其进行资金支持。此外，宗教教义也制约着社员的行为，欠债还钱、信守承诺本身就是教义的题中之义，也构成了人们日常生活的道德规范。在管理规定和宗教教义的合力之下，社员的行为得到规范，构成了隐性信用担保机制，有利于合作社坚守合作金融初衷，长期持续发展。在法律地位方面，德国的合作社法拥有和公司法同等重要的法律地位，提振了合作金融制度和合作金融组织的发展。1867年，《关于经营和经济合作社合法地位法》一经颁布，信用合作社的合法地位便得到了明确。根据该法，德国的合作社具备独立法人地位，信贷、生产、销售、消费等多种合作类型均被纳入法律规范对象，具备其他性质经济组织同等的竞争主体地位。

20世纪初，历经半个多世纪发展，莱福艾森协会的经营模式被其他国家所采纳，业务范围也由此扩大到为农业生产全产业链提供助农服务，涉及土地、种子、科技、规划、市场推广、生产加工等各个方面，形成全产业链运行模式。农村地区的莱福艾森信贷合作社后来发展成莱福艾森银行，城市地区的舒尔茨创办的工商业合作社后来发展成为大众银行，在二者基础上，形成了当前德国的合作金融体系。目前，莱福艾森银行作为联邦中央合作银行的重要股东之一，已经发展成为德国合作银行体系中的顶层机构。德国合作银行体系包括联邦中央合作银行（DZ Bank）和900多家地方性合作银行，致力于为中小企业提供金融服务。联邦中央银行属于全能银行，具有独立法人地位，是持有多个金融牌照的股份制企业。联邦中央银行的业务能力很强，经营业绩良好，通过不断为基层单位提供服务和业务指导，对各地方合作银行的商业活动、市场拓展和可持续发展形成了有力支撑。联邦中央银行通过构建完备的组织架构发挥了既保持独立性又拥有联合优势的特点，在与其他商业性银行竞争时立于不败之地。2020 年 8 月10 日，德国中央合作银行（DZ BANK）名列 2020 年《财富》世界 500 强排行榜第 321 位。德国的合作银行体系是欧洲范围内最大的合作银行体系，其发展经验值得我国借鉴。

2. 发展现状和模式分析

①联邦中央合作银行是德国银行体系的重要成员

联邦中央合作银行（DZ Bank）是由 DG Bank AG 与 GZ-Bank AG 银行以 240 亿德国马克（合 105 亿美元）合并后产生的，由双方共同拥有，行使平等的控制权。根据德国官网①，截至 2013 年合并后的新银行资产超过3000 亿美元，雇用 15000 名员工，并成为德国大约 1500 家地方银行的中央清算银行。联邦中央合作银行持有多种金融牌照，是一家全能银行，为客户提供证券、投资、金融、电子银行等多种金融支持和服务。作为独立法人地位的企业，联邦中央合作银行将"我们"设定为企业文化，寓意为要与任何人保持合作，形成伙伴关系，共同拥有美好的未来。重视对员工的培养，为青年员工提供种类繁多的业务培训、投资培训、服务培训。在全球各地设有分支机构，包括英国伦敦、日本东京、美国纽约以及中国香港等地区。联邦中央合作银行规模庞大，占据德国合作金融体系的中央位置，致力于服务地方合作银行和中小企业客户，推动德国合作金融体系完善和发展。其业务往来频繁，金融创新活跃，产品和服务形式丰富，企业声誉良好。

总之，德国中央合作银行作为法人企业，是一所综合性经营的全能银行，在市场竞争中与商业银行相比拥有特别的比较优势。经营多年，联邦中央合作银行获得了许多荣誉，2012 年位居《环球金融》（*Global Finance*）杂志评选出的全球 50 家最安全银行榜单第 35 位。2018 年，在《财富》世界 500 强排行榜单中第 355 位。2019 年，在《财富》世界 500 强排行榜单中位列第 392 位。2020 年，在《财富》世界 500 强排行榜单中位列第

---

① 数据来自德国中央合作银行官网。

321 位。

德国银行体系结构复杂，联邦中央合作银行占据重要地位。按照业务种类，德国银行体系的成员可以被分为全能银行和专业银行。其中，全能银行包括商业银行、储蓄银行和合作银行。专业银行包括按揭银行、基建信贷银行和德意志清算代理处。在德国银行业实行混业经营，全能银行除了银行主业，还可以经营证券和保险业务。与此不同，专业银行只能严格根据经营许可证，从事许可证规定的金融业务。合作银行由中央合作银行和地方合作银行组成，其运营模式沿袭了 19 世纪中叶传统的农村地区信用合作银行和城市地区工商合作银行的经营管理方式，以为成员提供金融服务为目标，不以营利为目的。

②德国合作金融组织的架构和股权关系

德国的合作金融组织体系由三级构成转变成了两级模式。起初的三级构成包括初级信用合作社、地区信贷合作银行和全国性的德国合作银行；现在的两级模式指"中央、地方"两级。"中央级"指德国联邦中央合作银行，如前文所述，由德国中央合作银行和西德中央合作银行合并而成。2014年，德国两家合作银行（DG Bank AG 和 GZ Bank AG）以 240 亿德国马克合并，组建新银行（DZ Bank）。合并之后，德国联邦中央合作银行资产超过3000 亿美元，成为全国 1500 余家地方银行的中央清算行。"地方级"指地方银行，主要服务于区域经济发展。

2000 年，中国人民银行合作金融机构监管司曾赴德国考察调查表明合作金融组织在德国金融体系中占据重要地位。在德国，合作社组织种类众多，拥有广泛的群众基础，合作领域涉及金融、农业、非农业、消费品、住房等多方面，全国共有合作社 7000 多家，个体社员约 2000 万人。在众多合作领域中，合作金融组织发展最为完善，形成了牢固的金字塔式结构。德国中央合作银行位于金字塔顶端，中间部分是 3 家区域性合作银行，底层是约 2500 家地方合作银行以及 18700 个分支机构和营业网点。德国合作金融组织的从业人员数量为 1460 万。德国合作金融体系在当时是欧洲最大的合作银行体系，截至 1998 年末，以资产统计，德国合作银行总资产达到16593 亿马克，占德国整个银行业总资产的五分之一以上，存款余额占整个银行业的四分之一以上，个人储蓄存款余额达到了市场份额的三分之一。①

---

① 中国人民银行合作金融机构监管司赴德国考察团. 德国合作金融的特点及启示［J］. 中国金融，2000（2）.

在股权关系方面，德国合作银行体系呈现出自下而上入股、自上而下服务的特点。在德国金字塔式的不同层级的合作银行体系中，每一层的合作银行都是拥有独立法人身份的经济实体。自下而上入股是指位于底层的2500家地方合作银行的股东由农民、城市居民、个体私营企业、合作社企业和其他经济实体组成，股东涉及社会各个行业，群众基础广泛。而中间层的3家区域性合作银行的股东主要是地方合作银行。最顶层的中央合作银行的股东则由中间层的区域性合作银行和分散在底层的地方合作银行组成。根据人民银行的调研结果，地方合作银行通过区域合作控股公司间接掌握了中央合作银行49.7%的股份，直接控制了中央合作银行29%的股份，区域性合作银行直接控制中央合作银行43%的股份[1]。德国合作银行体系的三级合作银行只存在自下而上的控股关系，都属于独立法人，不存在隶属关系。位于顶端的中央合作银行并不履行行业管理职能，主要职责是为各级合作银行提供金融服务，包括资金调剂融通服务、资金支付结算服务、产品创新服务，以及证券、保险、租赁、国际业务等方面的业务指导和服务。

③行业自律组织发挥重要作用

德国全国信用合作联盟（BVR）是合作银行的行业自律组织。BVR的会员单位主要包括联邦中央合作银行、区域性合作银行、地方合作银行以及那些专业性较高的合作金融公司，会员单位按照一定标准缴纳会费。联盟的主要职责是为会员单位提供信息服务、管理信贷保证金、扩大合作银行宣传范围、有效处理公共关系、协调合作银行与政府关系等。在生产合作社联盟、消费合作社联盟、信用合作社联盟的共同努力下，德国组建了全国合作社联合会，负责对合作银行体系内的经济体进行审计和培训。在地方层面，各州成立了各类合作社相关的行业自律组织，进行行业约束和管理，在此基础上又组建了11家区域性合作社审计协会。区域性审计协会具有双重身份，既是全国信用合作联盟在地区一级的机构，也是全国合作社联合会在地区一级的机构。在行业自律方面，区域性审计协会在各州发挥着行业监督的作用。

3. 监管体系和风险防范机制

在监管方面，德国的合作银行实行混业经营，其中银行业、证券业、保险业由隶属于财政部的联邦金融监管局和联邦中央银行实施监管权力。

① 中国人民银行合作金融机构监管司赴德国考察团. 德国合作金融的特点及启示 [J]. 中国金融, 2000 (2).

合作银行拥有独立立法支撑，在法律地位方面享有同商业银行一样的法律地位。在合作社法的框架下，合作银行的组织结构要严格遵循合作社法。但在业务运作方面则遵循商业银行法。财政部下属的联邦金融监管局设有多家分支机构，对合作银行履行非现场监管职责；审计联合会和联邦中央银行对合作银行履行现场监管职责，负责收集监管数据和信息。

在风险防范方面，一是德国根据《合作银行法》和《合作社法》规定，行业审计协会每年都要对各类合作社企业进行审计。德国拥有强大的审计团队，由全国合作社联合会和 11 个区域性审计协会组成的审计队伍拥有超过 10000 人的专业审计人员，绝大部分精力都用于对合作银行进行审计，以求做到完成联邦金融监管局委托，切实发现合作银行运营中存在的问题，并做出处置建议。二是德国政府注重完善和打造资金融通和资金清算系统，以便预警风险，健全风险防范机制。日常运行时，地方合作银行将富余的资金存入合作银行体系顶级的中央合作银行，以便资金短缺时向中央合作银行申请再融资服务，满足流动性需求和债务偿付能力。三是建立了信贷保障风险基金。具体做法是地方合作银行将信贷资产的一部分拿出来作为保障基金，提交给区域性审计联盟，用于帮扶那些出现经营危机的合作银行。四是建立存款保险制度。德国的存款保险制度是建立在合作银行内部，并不是单独设置部门，达到了保护存款人利益的目的。

4. 农业合作社的发展特色和经验借鉴

目前，德国农民合作社已经成为农村地区的主要农业组织，名目繁多的合作社吸引了约 80% 的农民参加。农民合作社经过多年发展，专业化、组织化、市场化、规模化程度都已经达到较高标准。合作社生产的肉类产品占市场总额的 30%，蔬菜和奶制品占市场份额的 75%，谷物类产品占市场总额的 50%①。德国农业合作社不但实现了农民收入增长，而且对于提振地方农业经济发展具有积极作用。在发展壮大的过程中，总结出了一套经验，值得我国学习和借鉴。

①比较完备的法律基础。在赫尔曼·舒尔茨·德里奇倡导下，德国出现了最早的合作金融立法。1860 年，在名为"信贷与储蓄合作社联合会"上通过了《合作社法草案》。1867 年，出台《关于经营和经济合作社合法地位法》，对农民资金互助组织的合法地位予以明确。1868 年，将《关于经营和经济合作社合法地位法》的适用范围扩大到全国。1871 年，制定并出台

---

① 车红莉. 德国农民合作社管理经营模式及启示 [J]. 农业经济展望, 2019 (3).

《合作社法》，明确对合作社的社员资格、法律形式、组织结构、资本构成、解散、清算、监管等各方面予以明确规定。在随后的十几次修订中，均未改变其基本框架。1889 年，在《合作社法》基础上出台了《工商业合作社和经济合作社法》，明确了农民合作社的法人地位、审计制度、法律责任、盈余分配等方面的相关内容。其中主要内容包括以下几方面：解除了关于成员数量的限制，将最低成员人数调整到 3 人，为合作社的组建和成立清除了障碍；将合作社性质定性为通过成员的共同业务活动实现收益增加的团体；合作社依据商法典开展经营管理活动；在对外债务方面，由合作社资产向债权人承担债务而不是由个人承担；社员入社须缴纳股金一次性投入，缴纳金额、分配办法严格依据合作社章程；合作社实行民主管理，由监事会和社员大会分权，社员一人一票，即使出现特殊情况，也不允许超过 3 票；按照社员股金比例或者由章程规定其他分配方式，每年定期对合作社盈余进行分配；合作社接受外部审计监督。组建之初应通过审计协会审计，成立之后应接受所在地区合作社审计协会定期审计。1976 年，《德国合作银行法》的颁布为农民资金互助组织的发展提供了有力的法律依据。

②相对成熟的经营模式

德国农民合作社的经营模式已经发展得比较成熟。首先，企业化的运作方式为其发展注入活力。合作社在经营过程中，随时根据市场需求和供给关系的变化调整发展策略，通过创建品牌效应和灵活的经营策略，吸引外部资本加入，聘请有管理经验的专业人员负责经营。在发展过程中，社员越来越倾向于股份化持股以及按股分配。其次，通过联合发展实现不断壮大。近年来，德国农民合作社的数量在不断下降，单规模呈现上升趋势。合作社突破了地域限制，通过延长产业链，建立相关环节的合作关系，实现了生产、加工、收购、销售等环节的联合经营，产生了规模经济效应，从而增加经营收入，使社员获得更多收益。再次，为了提高合作社的市场竞争力，德国允许同一农民加入多个合作社，引起了合作社之间的竞争，从而使农民更容易得到优质的服务。例如，德国食品零售商艾德卡公司是按照合作制原则组建和经营的，经过多年发展已经成为德国食品零售行业的翘楚。德国农民倾向于通过合作社的渠道销售产品，销售合作社也成为农业产业化的主力军。

③获得政府政策优惠和支持

德国在法律完备的基础上，政府对于农民合作社的发展给予了高度关注，并在财政政策、货币政策等方面予以倾斜，以支持其发展。在财政支持方面，德国的优惠政策可以追溯到农业合作社普遍发展阶段。1896 年到 1897 年期间，为了支持谷物仓储设施建设，普鲁士政府拨付合作社 500 万马克自主扩大了普鲁士中心合作社的原始资本规模。两德统一之后，这一财政优惠立马在全国范围得以推广，帮助民主德国的农民迅速适应市场环境，以便在发展中壮大，顺应经济社会发展。除了支持仓储设施，德国政府的财政补贴范围还涉及很多领域，例如农民专业技能培训、内陆水域治理、新企业创设期扶持、中小企业增资扩股等。对于农业合作社，政府也安排了一系列财政补贴，给农业种养殖户设置贷款利率上限、降低贷款利率，以及发放低息贷款。德国政府对于合作社的财政扶持政策是保持农业合作社持续百年发展的最重要原因之一。根据规定，新设立的农业合作社 5 年内可获得包括人工费用、办公设备和咨询费用等方面的创业资助，7 年内可获得采购、销售、仓储、加工、包装等投资补助，补助金额是总投资的 25%、销售收入的 3% 以内①。根据调查，德国农民合作社收入的 60% 来源于各级政府补助，补助资金在发放时没有过多环节，直接而精准，避免了资金管理中出现的占用和乱用问题，最大程度利好农业合作社发展。税收方面，农民合作社获得了营业税、机动车辆税、法人税等税项的减免优惠。货币政策方面，自 1954 年起，德国联邦政府对农村信贷采取低息政策，给予农业合作社货币政策倾斜，执行差异性信贷管理政策，且扶持信贷合作社发展，引导和鼓励合作银行为农民提供低息贷款，助力农业生产，解决了农业生产中面临的资金难题。

④出现"横向一体化"和"纵向一体化"的发展趋势

所谓"横向一体化"是指农业合作社通过合并、联合、重组等方式，壮大了自身规模，提高了市场占有份额的同时，合作社数量也在不断减少。自 20 世纪中叶起，莱福艾森联盟为了提高合作社市场竞争力，推进了合作社"横向一体化"发展。"纵向一体化"是指为实现年底分配盈余的增加和可持续健康发展，农业合作社以同一产业为基础，突破仅从事供应生产资料和销售产品的局限，循序渐进地扩大生产经营范围，最终形成"从田间到餐桌"一条龙式的产业链。实现纵向一体化发展的优势在于通过农业、商业之间加强协作，能够缩短产品从生产到销售的时间周期；有利于提高农产品附加值，获取更多分配盈余；扩大农民就业，增加农民收入。推动"横向一体化"和"纵向一体化"发展不仅在德国受到推崇，目前已经成为

---

① 陈晓华副部长在全国农民合作社创新发展座谈会上的讲话。www. 360doc. com. 2015。

整个欧盟地区农业合作社发展的共同趋势。

⑤德国农业合作社在筹资方式、扩大国际视野、合作机制调整等方面值得借鉴[①]

德国农业合作社的资金来源包括自有资金、借贷资金、社会资助和政府补贴等部分，其中自有资金和借贷资金占绝大部分。自有资金主要涵盖社员股金和净收入提留两部分。借贷资金是指农业合作社与商业银行、合作银行和保险公司发生债务关系而取得的资金。随着农业产业化、规模化的发展和国际化趋势的加强，为了满足合作社发展的资金需求，在传统筹集资金方式难以覆盖资金缺口的情况下，农业合作社创新了一系列融资方式，例如，鼓励部分外部成员以入股方式投资、允许合作社公开发行股票。

在经济全球化的背景下，农业合作社不断发展壮大，并根据国际经济贸易形势调整发展战略，业务经营范围也出现国际化趋势。一是合作社可以吸收外国成员加入，不受国籍限制。二是国际业务比例上升，合作社产品出口数量增加。三是通过国际化经营实现规模经济，在吸收国外同行业先进的产品和技术信息的同时，突破国内市场限制，扩大海外业务。

德国还对合作机制进行了调整。根据合作社法，合作社不得以营利为目的，但近年来，消费合作社和信贷合作社出现了向营利性企业发展的趋势。调整内容包括：一是随着合作社规模扩大，为了简化工作流程，代表大会逐渐取代全员大会。二是为了加强领导能力，允许非社员身份且具有专业知识的管理人才担任行使管理职能的理事会领导。三是由"人合组织"向"资合组织"转变。早期阶段，社员个人对合作社债务负有无限责任，而根据现行合作社法，合作社章程中可以对是否需要个人社员对合作社债务负责的事宜进行明确规定。可见，农业合作社"人合组织"性质逐渐被"资合组织"性质所取代。四是社员地位受到威胁。为了增强市场竞争力，合作社在筹集资金、生产销售等诸多环节增加了与非社员之间的联系，随着非社员业务不断增加，合作社对社员的帮扶程度有所下降，社员的地位和利益受到威胁。总之，在竞争压力下，农业合作社为了实现可持续发展，在逐渐弱化社员利益，但是保留了合作社的基本属性。

（二）荷兰农村合作金融

荷兰位于欧洲西偏北部，与德国、比利时接壤，是一个高度发达的资

---

① 汪小亚，谭智心，何婧. 农村合作金融国际经验研究［M］. 北京：中国金融出版社，2020.

本主义国家，欧盟和北约创始国之一，也是联合国、世界贸易组织等国际组织的成员。

根据荷兰中央统计局的数据，荷兰 2018 年经济增长 2.5%，2018 年全年 GDP 总量首次突破 9000 亿美元，达到了 9126 亿美元。"小国大业"是对荷兰经济发展特征的概括。荷兰耕地面积狭小，人均耕地面积仅为 0.126 公顷，但却打造出了优质的农牧业产品，其鲜花和种子出口额蝉联世界首位。荷兰农业注重"高效补缺"，走出了一条高投入、高产出的资金密集型道路。荷兰政府高度重视农业科技研发，每年投入该领域的经费远高于其他部门。自 1989 年起，荷兰农业产品出口量位居世界第三，仅次于美国和法国。

1. 起源

农业合作社在荷兰受到推崇源于农民具有组建合作社的内生动力。荷兰的自然地理条件决定了其农场多数采取家庭式经营，规模不大，但专业性水平很高。为了提升市场竞争力，保障生产中的资金供给，农民自发的组织互助互惠性质的合作活动。为了降低成本，提高收益，他们自发地结合起来联合采购生产资料、生产和销售农产品，以便在市场竞争中获取最大收益。1896 年，荷兰受邻国德国合作金融思想影响，引入合作金融发展模式，历经一个世纪发展，荷兰合作银行的资产规模和净利润已经接近德国中央银行的两倍，在全球 500 强的排名也超越了德国中央合作银行，作为合作金融组织的成功案例，具有典型特征，值得我国研究和借鉴。荷兰合作银行已经发展为国际性金融组织，主要经营涉及农业、机械和食品工业等行业的金融业务。荷兰合作银行体系由荷兰中央合作银行和地方合作银行组成。中央合作银行除了日常经营的金融业务，还负责对地方合作银行进行审计、绩效考核以及业务指导。截至 2017 年末，荷兰合作银行资产总额达到 6988 亿美元，实现营业收入 230 亿美元①。在荷兰合作银行的助力之下，荷兰突破了自然地理的限制，成为世界第三大农业出口强国。

荷兰首家专业化采购合作社组建于 1877 年，1896 年出现首家信用互助社。随着合作经济思想在荷兰的传播，各种农业合作社纷纷成立，到 20 世纪 40 年代，合作社数量达到 3150 个，涉及金融、采购、加工、销售等多个领域。随着专业化水平提高和市场需求端要求日益严格，荷兰农业合作社数量有所减少，但单个合作社的市场份额却有所上升。以花卉拍卖合作社为例，1949 年，数量为 18 家，发展到 1997 年，仅剩 7 家，但占有率却由

① 程列辉，朱建平. 德国、荷兰合作金融体制考察及启示 [J]. 金融纵横，2018 (8).

60%上升到96%。荷兰的农业合作社具有稳健、灵活的特征，能够在不断变化的国际环境和市场行情中捕捉发展契机，保持稳健经营。荷兰的农业合作社规模较大，其中的20家都跻身世界300强行列。荷兰合作社种类众多，涉及各个行业，但其中农业和信贷行业合作社的份额最大。

农业合作社的出现推动了荷兰农业产业化进程，为推动村经济社会发展作出重要贡献。农业合作社可以被细分为供应合作社、生产加工合作社、销售合作社、信用合作社、服务合作社等类型。合作社在不同行业占比不同。例如，在化肥和精饲料市场占比52%，在牛奶销售加工市场占比82%，在马铃薯销售和加工市场占比100%。合作社对农民收入的贡献度达到了60%，创造了8.5万个就业岗位。①

法律规定，荷兰的农业合作社都会根据章程确定名称、社员、组织形式和权责关系，且具备独立法人资格。通常情况下，荷兰农业合作社具有独立的决策权，能够自主经营，不会受到政府的主导和过分干预。合作社坚持将经营范围局限在本地，社员肩负无限责任，自愿加入，能够获得区别于非社员的优惠服务。根据结构复杂程度不同，可将荷兰农业合作社划分为简单型和复合型两种。简单型合作社是指同一地区从事单一产业的种养殖农户自发组成的合作组织。一般而言，简单型合作社规模不大，依靠社员缴纳会费维持日常运行，属于非营利性组织。复合型合作社结构相对复杂，可被细分为两种，即同一地区从事不同种类种养殖农户组成的合作社和不同地域从事同一种农产品种养殖农户组成的合作社。复合型农业合作社具有严密的组织结构和细致的社会化分工。

荷兰政府组建合作银行的初衷是为农民解决融资问题。在荷兰，农业所需的资金规模较大，其中90%的融资来自农民信用合作社。信用合作社承担着为农民提供购买生产资料所需资金，为生产加工农产品提供资金保障的任务。19世纪中期，为了保护农民利益，使其远离高利贷侵扰，荷兰顺应欧洲合作制浪潮，组建了荷兰合作银行。荷兰合作银行成立之初在全国设立了3000余家法人分支机构，历经百年发展，目前整合为百余家。目前的荷兰合作银行可被视为综合性、国际性的金融集团，在市场上具有极大的影响力。政府在推动荷兰合作银行发展过程中，并不直接干预其经营活动，仅致力于完善法律法规和改善经济社会生态环境。此外，为了解决

---

① 汪小亚，谭智心，何婧. 农村合作金融国际经验研究 [M]. 北京：中国金融出版社，2020.

农民在生产中遇到的资金难题，政府还组建了农业担保基金、农业安全基金。农业担保基金的作用在于为向银行申请贷款的农户提供有条件的担保。农民获得担保基金担保的条件是制订可行的投资计划，并且承诺在8年内将贷款全部还清。农业安全基金的作用在于为受到自然灾害打击的农户提供帮助，对此类农民发放巨灾补贴，实施救助和帮扶。

2. 合作银行发展现状和模式分析

荷兰合作银行又称拉博银行（RABOBANK），成立于1973年，由多家农村信用社合并组建而成，致力于为农业、花卉种植业、机械加工业、食品业及其他农业相关产业提供资金支持和金融服务。下面将从组织体系、系统管理和业务经营方面对合作银行的发展现状和运行模式进行分析。

根据1996年中国合作金融考察团调研结果，荷兰拉博银行拥有942家地方性拉博银行，这些地方性拉博银行均为独立法人，设有2000多个办事处和分支机构。在股权结构方面，各地拉博银行持有中央拉博银行的股份，拥有会员和股东的双重身份。总行和地方行之间通过技术委员会、地方代表大会、中央代表大会进行沟通和联络，呈现出自下而上的决策体系。其中，技术委员会由著名专家组成，辅助总行为中央代表大会提供技术资料，以及关于产品和业务开发方面的建议和意见。地方代表大会和中央代表大会的召开是为了收集信息，针对经营中出现的情况展开讨论，进而做出决策，明确经营方向。由于地方拉博银行均为独立法人，因而在保持地方行独立性的同时，谋求高层次的合作成为荷兰合作银行发展的重要特点之一。高层次的合作体现在系统内融资、设立系统保险体系、总行代理地方办理高层次金融业务等方面。各地拉博银行经营从事存贷款、支付结算等方面的金融业务，并将资金盈余存入总行，以便服务大客户时向总行融通资金。地方拉博银行还会对基层分支机构的从业人员进行培训，行使职务任免权。调研还涉及村级拉博银行，或称信用合作社，通过定期召开代表大会对理事会、监事会进行选举，对战略定位、财务收支和盈余分配等重大事项进行讨论和表决。

荷兰合作银行的公司治理结构包括成员大会、地区代表大会、中央合作银行董事会、监事会、中央代表大会。其中，地区代表大会代表成员行利益，作为法律组织咨询和征求意见，形成意见后供成员大会表决。中央代表大会由地区代表大会组成，定期召开对重大决策行使批准权。成员大会每年一次，负责披露年报，修改合作章程以及对董事进行任命。对于银行高管和董事会成员的任命工作，须得到中央合作银行批准。

拉博银行总行受央行委托，对各地方拉博银行在资金、资本充足率、保险体系、资金清算、审计监督等方面实施系统管理。在资金管理方面，受央行委托，拉博总行要求地方拉博银行存款比例的 18%，这笔资金不需要缴存到荷兰央行，由拉博总行持有。达到上存比例的地方拉博银行具有向拉博总行借入资金的资格，能够在补足转存款的基础上获得更多的贷款额度。在资金融通方面，上级拉博银行履行对下级拉博银行实施资金调剂的职能。上下级拉博银行之间的资金调剂通常按照市场利率计算利息。为了激发地方拉博银行的积极性，拉博总行对地方行转存款以 18% 为分界，采取差别递增利率，具体规定为：低于 18% 的转存款按照平均资金成本率计算利息；高于 18% 的转存款按照较高的差别利率计算利息。在拉博总行的带领下，各地方拉博银行通过上存存款，形成了资金网络，为各级拉博银行的运行提供了流动性保障。关于资本充足率，拉博总行规定，基层拉博银行不得低于 4%，流动性资产不得低于 18%，否则不得向总行提出借入资金的要求。关于保险体系建设方面，为了规范基层拉博银行发展，增强其抵御风险能力，保护会员合法利益，总行在基层行内部设立保险基金，搭建保险体系，并实行专户管理。关于资金清算，总行和地方行均设有国内、国际结算账户，基层行通过总行或地方行的账户完成国内外资金结算，以便满足不同客户需求。关于审计监督，拉博总行和地方行均成立了审计部门，定期审计会员业务，根据经营情况作出风险判断，并提出相关建议。此外，总行还为地方行和基层行提供人员培训、业务指导等方面的服务。

各级拉博银行根据荷兰农业结构和特点确定了经营宗旨和经营目标。拉博银行的经营宗旨较为明确，即"在激烈的市场竞争中要立于不败之地，只有更好地为社员服务"。各级拉博银行谨记经营宗旨，在分配年终利润时，为了扩充资本实力，通常以社员账户形式转入储蓄账户，而不是以红利形式支付给股东。根据 1996 年人民银行调研数据，荷兰以发展畜牧业为主，农业总产值约 350 亿荷兰盾，畜牧业产品创造的产值约为三分之二，奶制品占 45%，肉产品和鸡蛋也占据较大比重。考虑到这一特点，拉博银行为涉农企业和农户提供了一揽子金融服务，包括存贷款业务、清算业务、保险业务等。在全部业务构成中，农户贷款占 41%，农业企业贷款占 22%，非农企业贷款占 34%。拉博银行对社员和非社员均采取市场利率定价。拉博总行拥有 50 多家海外分支机构，旗下设有租赁公司、信托公司、船舶租赁公司、保险公司等，经营多种金融业务，满足了国内外农村合作金融组织的金融需求，为从事农产品贸易的海内外涉农企业提供了资金支持。在开展业务过程中，拉博银行不以投资回报率最大化为目标，而是致力于为社员提供利率合理、优质的金融服务。

3. 监管体系和风险防范机制

21世纪初，荷兰合作金融监管体系经历了从分业监管到审慎监管的转变。2002年以前，荷兰实施金融分业监管政策，不同行业由不同的监管主体负责。银行业的监管机构为中央银行，证券业的监管机构为证券管理机构，保险业由养老金及保险监管局监管。从2002年开始，荷兰政府根据功能监管理论，对金融监管体系进行改革，搭建了金融审慎监管体系。从监管功能出发，中央银行肩负稳定金融体系责任，并对银行业实施审慎监管；金融市场管理局对银行业、证券业、保险业实施行为监管；养老金及保险监管局对保险市场实施审慎监管。2004年，养老金及保险监管局被中央银行合并，其监管职责也被纳入中央银行职能范围。

荷兰监管机构对商业银行和合作银行实行无差别监管。根据巴塞尔协议中的监管指标，荷兰要求合作银行也达到商业银行在资本充足率、不良贷款率、拨备率等方面的标准，并没有进行政策放松和倾斜。在此背景下，荷兰合作银行面临较大的生存压力和竞争压力，不得不按照《巴塞尔协议》和国际会计准则要求，调整战略方向，向现代化银行转型，以迎接挑战。地方拉博银行与中央拉博银行一样，也要满足巴塞尔协议规定的监管指标。在监管方面，地方拉博银行要接受中央合作银行审计和监管。具体做法是：其一，受监管当局委托，中央拉博银行对各地方拉博银行实施监管，负责督促地方行落实监管当局出台的政策法规；其二，由总行统一制定经营战略和规则，在战略和规则中充分体现监管当局在风险偏好、战略重点、信贷管理、内部控制等方面的政策意图，并督促地方行贯彻落实；其三，建立系统内部管理制度，明确绩效考核办法、人员定级和薪酬福利相关规定，并定期进行考核；其四，为了保证操作规范和内控要求得到严格执行，合作银行体系强化了审计监督和合规管理等方面的风控意识；其五，严格信贷审查与管理制度。中央拉博银行根据不同行业特点、风险程度和业务类型，对地方成员行的信贷审批权限进行控制，对于超出地方成员行审批额度的信贷额度，需获得拉博总行信贷部或中央信贷委员会批复，才能拨付。地方拉博银行自行承担信贷业务产生的风险。

拉博银行在风险防范方面注重信贷资金的安全性、流动性和效益性。首先，在合作银行体系内部遵循互助互补的风险管理原则。为了帮助地方拉博银行克服规模小而引发的高风险问题，荷兰建立了合作银行系统内风险管理制度。中央拉博银行为地方拉博银行提供存款和债务的无限担保，合作银行体系作为整体参与资本市场提高议价能力。在严密的风险防控下，荷兰合作银行连续多年获得信用组织较高评级，并入选全球金融杂志十大最安全银行。

4. 经验借鉴

荷兰合作银行体系的成功实践能够为我国发展合作金融制度，构建合作金融体系带来一系列启示和经验借鉴。

一是应严格遵守合作银行基本原则，坚定合作制初衷。荷兰合作银行坚定遵循的合作原则涉及六方面：与商业机构不同，即使在经营业绩不佳的情况下，合作银行仍然将成员行和社员利益放在首位，竭力提供金融支持和服务；成员行严格执行总行规定，仅为所在区域内社员机构或个人提供金融支持；成员行具有较强独立性，具备独立开展业务、进行决策的权利和能力，自行承担信贷风险；组织结构充分体现合作制中的民主性原则，成员能够对董事会和监事会构成行使投票权；系统内互补互助，交叉担保，当某一成员出现支付困难，其他成员将履行担保责任，提供资金补充，独特的交叉担保机制对于提升合作系统整体经济实力至关重要；为保证可持续发展，将利润留存作为储备，不断壮大合作银行自有资本。地方拉博银行掌握着中央拉博银行的股份，合作集团作为一个整体没有公开上市招募股东，各地方行也不得上市进行交易。中央拉博银行对年利润红利进行分配，成员行获得分红后，主要将其作为利润留存用于集团资本金积累，支持会员银行开展互助业务，或投放到社会公益项目上。

二是坚持按人投票，坚持为属地范围内成员提供服务，努力打造"社区银行"特征。合作制金融和商业银行最本质的区别在于合作制坚持按人投票，以服务社员为经营目标；而商业性金融实行按资投票，追求企业盈利最大化。此外，合作制以"社区银行"为特点，坚持服务范围限制在属地之内，属地之内的社区居民通过申请程序都能够成为合作银行的社员，享受金融服务。各地方合作银行并不将所得利润用作分红，而是扣除留存后，用于支持区域内经济发展。"社区银行"不追求大而全，不以盈利为首要目标的特点，保障了合作金融在荷兰的持续健康发展。

三是健全监管结构体系，加强风险管理。荷兰合作银行深耕国内农业农村市场，历经百年成为合作金融发展历史上的经典案例。这得益于其健全的监管体系和严密的风险管理措施，值得我国学习和借鉴。荷兰政府没有因为合作银行的互助合作性质，而对其进行差别化监管和管理，将合作银行和商业银行放在同一个发展平台，在对合作银行施加竞争压力的同时，倒逼合作银行调整战略迎接挑战，以求在竞争中发展壮大。此外，将合作银行体系作为整体进行监管，监管当局授权中央合作银行对地方各合作银行实施监管，以及审计政策执行情况。在风险管理方面，荷兰构建了多层次、多角度的管理体系，其中包括自上而下的考核、自下而上的股权管理以及成员间交叉担保体制，中央合作银行承担风险管理和监管责任。在这种监管体系和风险管理制度之下，荷兰合作银行在严守合作制原则前提下，融合了可持续发展的商业化机制，服务成员的能力不断增强。

四是加大政府扶持力度。荷兰合作银行是世界上唯一一家没有政府参股的 AAA 级私人银行，且连续多年被评为世界最安全银行之一。虽然政府没有直接入股合作银行，但在政策上给予了大力扶持。政府赋予中央合作银行监管职能。荷兰中央合作银行对辖内分支机构实施金融监管权，提升了总行的独立性，自主决策空间较大。为了鼓励合作银行发展，政府虽然未对其实行差别于商业银行的监管标准，但在财税政策方面予以大力支持。例如，对于合作银行的税负予以全面减免，从而加速其资本留存和自我积累。此外，合作银行可以混业经营，从而具备全能银行优势，在证券、保险、衍生品等方面扩大业务领域。目前，虽然没有获准上市，公开招募股东，但合作银行可以通过发行债券进行融资，以便补充资本金。

（三）美国农村合作金融

与欧洲大陆相比，美国的农民资金互助组织产生较晚。20 世纪初，美国正值工业化时期，加之商业性资金无法满足美国农业机械化和规模化生产的要求，农业缺乏融资渠道和资金支持，处于萧条状态。为了解决商业金融无法解决的问题，美国政府决定吸取德国合作金融发展经验，构建适合本国农业发展情况的合作性农业信贷体系。

1. 起源

美国合作金融出现于 20 世纪初，政府为助力农业发展，设立了合作性质信用社。美国的信用社坚守合作制原则，采取"一人一票"的管理方式，致力于为社员提供信用服务和便利。引入合作金融发展模式，对于美国当时调整经济发展结构，走出"大萧条"阴影起到了关键作用。美国在合作社改革和合作金融立法方面取得了显著的成效。美国拥有世界上比较完备的合作金融法律体系。1909 年 4 月，马萨诸塞州出台美国首部合作社法案，为日后信贷联盟法的出台奠定了基础。同年，美国在该州组建首家居民信用社，作为农村合作组织，引领了信用社发展方向。1929 年，国会通过《美国农业市场法》，为合作社基金的组建提供了法律依据。合作社基金能够为合作社提供贷款，促进美国合作金融发展。随后，美国各州纷纷针对合作金融发展制定地方信用法规。1933 年，颁布《美国农场信贷法》并设立农业信贷管理局，加强对各类合作组织实施监管。依据《美国农场信贷法》，在华盛顿组建中央合作银行，同时在十二个信贷区组建地方性合作银行。合作银行资金来源包括公积金、自有资本、债权融资和同业短期资金融通。以农业合作社为服务对象，为农业合作社提供设备贷款、运营贷款等方面的资金支持。1934 年，为规范美国合作金融组织发展，明确监管机构职责，美国颁布《联邦信用社法》，对农业规模化发展起到了积极促进作用。在联邦信用社法颁布之后，美国各州也积极行动，颁布了关于引导信用社稳健经营的一系列法案。各州具体发展情况不同，信用社法案具有特殊性，但都贯彻了合作金融理念，体现了一致的立法精神。

1947 年，联邦土地银行偿还了组建初财政部提供的政府股本，将全部股份交给借款人持有，演变为具有合作金融性质的农业信贷机构。根据政府的制度设计，联邦土地银行负责为农业生产提供期限为 5 至 40 年的长期不动产抵押贷款。借款人贷款时，须向土地银行协会提供贷款数额 5% 的股份，从而完成向社员身份的转变，这部分股份通常在贷款内直接扣除。当社员还清贷款后，社员当年认购的股份作为留存，以便再次贷款时使用。如果连续两年社员都没发生贷款行为，认购的股份将被转为无投票权的股份。这种投资运作方式，保证了合作社运行时不会偏离合作金融轨道。无论股金数量多少，会员都有"一人一票"的投票权。1971 年，美国制定并出台《农场信贷法案》，规范了包括资金互助社在内的各类农场信贷机构的经营活动。1992 年后，美国进入完善立法时期，加强了对农业信贷体系的监管，相继出台关于合作金融的系列法律。

2. 运行模式和发展现状

① "混合多元"的发展模式

美国农村合作金融体系属于"混合多元"发展模式。目前，美国由政府出资组建的农民资金互助组织主要有四种：一是专门负责为农业提供长期贷款的联邦土地银行和协会。美国全域被划分为 12 个区域，均设有土地银行、联邦土地银行合作社。二是专门负责提供中期贷款的联邦中期信用银行和生产信贷协会。三是合作社银行，负责为农民合作社提供资金支持。四是基层合作金融组织，即农民信用合作社。农民信用合作社数量占美国所有信用社总数的 6%，由居住在该社区的农民组成①。这些合作组织或机构的资金来源包括：设立初期美国政府投入的资金、社员和合作社入股的自有资本、公开发行债券融资。

此外，为了发展农业，美国还拥有发达完备的合作金融组织体系，主要包括两部分：信贷合作机构和互助合作性质的储蓄机构。其中，信贷合作机构指合作性质的银行机构，即联邦土地银行、合作社银行以及联邦中期信贷银行。联邦土地银行资金来源主要由资本金、发行债券、票据和借款构成，遍布全美 12 个信贷区域，主要为农业提供长期不动产抵押贷款。合作社银行资金来源主要由资本金、发行债券、票据和借款构成，全美 12 家机构，负责为农业合作社提供贷款和咨询服务。联邦中期信贷银行的资金来源包括资本金、发行债券和借款，负责提供农业所需的中短期动产抵押贷款，将资金用于贴现、目标贷款、从事融资性租赁业务。

②发达的农场信贷系统

为了解决美国农场信贷组织规模发展过大导致的运营成本过高、效率有待提高等方面的问题，1987 年，美国根据《农业信贷法案》，将各信贷区的联邦土地银行与中间信贷银行进行合并，在合并基础上组建了农场信贷银行。农业信贷银行（CoBank，ACB）以及 3 个农场信贷银行（Agri. First FCB、FCB of Texas、Agri. Bank FCB）构成了美国现行的农场信贷系统。其中，三家农场信贷银行负责向农业信贷协会（ACA）和独立的联邦土地信贷协会（FLCA）提供贷款。ACA 兼具联邦土地信贷协会和生产信贷协会职能，主要为农业相关的借款人提供与农业相关的贷款，包括农村住房贷款、购买农地贷款、中短期动产抵押贷款、长期不动产抵押贷款。FLCA 区别于 ACA，主要为家庭农场提供长期不动产抵押贷款。农业信贷银行（CoBank，ACB）经农场信贷银行和合作社银行合并而成，同时享受两个机构的权利。合作社银行为全美的农业合作社、农村基础设施、农产品出口等方面业务提供金融服务，根据贷款类型可以分为设备贷款、商品贷款、进出口贷款、经营贷款等。

20 世纪 80 年代，美国农产品价格下滑、生产成本飙升，导致涉农信贷体系出现大规模呆账和坏账，为了挽回信贷损失，美国成立了许多专业服务机构，为农场信贷机构提供保险、融资和贴现服务。这些机构包括联邦农业抵押贷款公司、联邦农业信贷银行融资公司、农场信贷保险公司以及

---

① 盛劲松. 欧美典型国家农民资金互助组织法律制度及其启示 [J]. 世界农业，2017（3）.

保险基金等。其中，联邦农业抵押贷款公司（Federal Agricultural Mortgage Corporation 又称 Farmer Mac）成立于 1987 年，活跃在农业抵押贷款二级市场，提供农用地产及郊区住宅抵押贷款、长期信用贷款。内设四个部门，分别是：农场和牧场（Farm & Ranch）、美国农业部担保贷款（USDA Guarantees）、农村公用事业贷款（Rural Utilities）、机构信贷（Institutional Credit）。农场和牧场部门主要是购买和留置合格抵押品贷款，该贷款以农业不动产的第一优先权做担保。美国农业部担保贷款部门：从事购入由美国农业部担保的特定农业、偏远地区开发、事业、产业、社区设施贷款的某些部分。农村公用事业贷款部门：购买和担保由合格偏远地区公共事业贷款所支撑的证券。机构信贷部门：购买或担保其他 3 个部门的放款人的一般义务。① 联邦农业信贷银行融资公司（Federal Farm Credit Banks Funding Corporation）通过发行农场信贷系统统一债券，扩大合作金融机构资金来源。农场信贷保险公司以及保险基金的作用在于保障系统债券本息能够按时支付，提升农场信贷系统整体信用水平。

③现行农场信贷法律体系和税费政策支持

美国现行的与农场信贷相关的法律法规包括《农场信贷法》《农业信贷法案》《农村电气化法》《农业贷款的妥协、调整和取消》《农场和农村共同发展法》等。其中，前两部法律在法律体系中占据不可替代的重要地位，对美国合作金融发展起到了规范和引导的重要作用，具有深远的研究意义。《农场信贷法》的立法目标，一是构建农户合作型的农场信贷体系，用于改善农户收入和福利；二是加强农场信贷体系管理，引导农户借贷主体参与到管理体系之中，树立农场信贷体系在农村信贷市场和住房信贷市场的权威；三是关于农场信贷体系利率水平的确定要最大限度使农户获得最大收益。有学者评论，《农场信贷法》扩大了农场信贷体系的经营范围，体现了使农场信贷署组织结构和功能永久化、权利明晰化的思想，成为美国农场信贷政策发展的里程碑。② 该法对农场信贷机构信贷行为、农场信贷协会的金融功能、合作银行的经营原则和目标，以及体系中金融机构之间的关系进行了详细的规定。《农业信贷法案》注重强调集体和个人的还款义务，每家银行除了承担自身义务外，还需分担农场信贷署的金融风险。为了引导金融资源支持农业发展，在《农业信贷法案》的法律支撑下，美

---

① 美股之家，美股投资百科全书 https：//www. mg21. com/agm. html。

② 汪小亚，谭智心，何婧. 农村合作金融国际经验研究 [M]. 北京：中国金融出版社，2020.

国组建了联邦农场信贷银行基金公司、农场信贷体系救济会、联邦农业抵押公司等机构为农业农村领域注入资源。美国通过对金融支农手段的不断改革，尊重农场信贷体系的市场主体地位，竭力规避金融风险，推动合作体系融入全国金融市场，实现了农场信贷体系的可持续发展。

美国政府给予美国农场信贷体系和合作金融组织大量政策支持。美国的合作金融体系由政府出资推动，自上而下发展起来。政府出资创办了三大农村合作金融组织，两次出资支持联邦土地银行的创办和发展。美国 12 家联邦土地银行当时的总资本规模为 900 万美元，美国政府的出资份额占 98.8%。此外，还积极针对合作金融组织实行免税待遇，构建了独立于银行存款保险体系之外的农业政策性保险体系。关于税费减免政策，一是对于农场信贷系统开展的不动产抵押信贷业务免征所得税，非不动产信贷业务免除地方所得税。二是政府为农场信贷系统发行的债券提供隐性担保，此类债券信用评级较高，通常被视为无风险债券。三是农场信贷系统无须在证券交易委员会登记，并享受不动产抵押贷款登记费减免优惠。

美联储不向信用社收取存款准备金，信用社可以购买国债投资。政府没有针对信用社征收营业所得税，不干预信用社的经营管理、盈余分配、资金使用及社员准入活动，为信用社发展提供了较为宽松的环境。1937 年，出台《联邦信用社法》明确规定对于农信社免征联邦收入所得税。

3. 监管体系和风险管理

美国在监管主体、监管体系等方面与德国、荷兰不同，具有自己的特点。在监管主体方面，美国采用了"双线"监管。美国金融业高度发达，监管制度也相对健全和完善。根据监管范围和所在地域不同，美国对农村合作金融推行双线监管，所谓"双线"一是指美国联邦信用社监管局，二是指各州政府信用社监管机构。根据注册地管辖原则，联邦信用社管理局负责对在联邦政府注册的信用社实施监管，各州政府信用社监管机构负责对在本州注册的信用社实施监管。在美国国会批设下组建的联邦信用社管理局，不但肩负对信用社的监管职能，还负责为农村商业性信贷银行、国家农业信贷银行提供业务指导，为农村合作金融组织提供资金融通业务。联邦信用社管理局局长由总统直接任命，只对美国国会负责，具有较强的独立性。国会行使立法职能，联邦信用社管理局负责实施执行。为了加强对信用社的监管，防范金融风险，美国扩充了监管机构并于 1978 年组建了美国信用社监管局，负责发放金融牌照，监督在联邦政府注册信用社的资金运营情况。而各州政府的信用社监管机构负责对农村信用社进行日常监管。美国的合作金融体系由三类组织机构组成，即联邦土地银行、生产信用合作社以及合作银行。三类组织的资金来源大致包括自有资本、借入资金和债券。监管机构通过对合作金融组织或机构制定严格的监管指标实施监管。这些指标包括资本充足率、存贷款比率、资产质量等。美国的监管机制属于功能型监管，其合作金融监管体系可以被划分为监管、保险、清算、自律行业组织，这些机构职能分工不同，在监管中发挥着各自的作用。

美国在风险防范和管理方面建立了完善有效的体制机制，其中最重要的两部分即存款保险基金和储蓄互助保险集团各自发挥着重要作用。1970年，美国国家信用社存款保险基金正式成立，接受美国信用社监管局管理。根据法律规定，信用社需上缴存款的1%作为保险基金，对会员存款提供保障。随着美国农村合作金融体系的壮大、机构数量的增加，存款保险基金在信用社管理局的指导下，不但为信用社提供了业务服务，还承接了监管局的部分监管职能。储蓄互助保险集团主要负责为信用社及社员提供保险产品。互助保险集团在发展过程中，坚守初衷，始终秉承成立时明确的经营理念，致力于为客户提供专业化的金融保险产品和服务，已经成为化解农村合作金融风险的重要主体。

4. 经验借鉴

纵观美国合作金融发展，许多方面值得我国学习和借鉴。一是完备的法律体系为合作金融的发展提供了制度保障。在《联邦农场贷款法案》《农业信贷法案》《美国农业信贷法案》这三部法律框架基础上，农场信贷系统经过近百年的实践获得了理想的业绩和运营效果。上述三部法律对农场信贷系统的基本职能、业务范围、资金来源给予了明确规定，并以此为依据构建了有层次的监管体系和机构。二是为确保农场信贷系统的安全性，实现稳健经营，美国制定了严格的风控措施。首先，对农场信贷机构的贷款投向和比例进行限制。其次，设立农业信贷管理局，作为监管机构对法律法规的落地执行情况进行监督，并对农场信贷机构的管理情况、财务状况进行定期审查。最后，制定了严格有效的风险管理措施。具体措施为农场信贷管理局根据风险大小，模仿金融机构评级方法为农场信贷机构分级和评估。对于那些风险级别高的农场信贷机构，农场信贷管理局将对其经营运行情况进行纠正，从而保证整个系统的平稳、安全运行。三是合作金融组织拥有独立完善的法人治理结构。美国的农场信贷系统实行多级法人结构，拥有独立的法人治理结构，能够在市场中实现自主经营，监管机构不得干预其经营决策。

（四）法国农村合作金融

法国农业非常发达，如今法国农业成了高端和品质的代表。法国作为欧洲的第一农业大国，国土面积 55 万平方公里，农业用地面积 33 万平方公里，占比达 60%，由于法国西临大西洋，南靠地中海，其独特的自然气候条件使它成为欧盟最大的农业生产国，也是世界上第二大的食品出口大国，法国的农业产业取得的成绩应该归功于独特而成功的合作社运作模式。伴随着农业发展水平不断提高，农业产业规模的不断扩大，农业在经济结构中基础性地位得以加强，合作金融已经发展成为法国农村金融体系不可或缺的一部分。

1. 起源

法国农村合作金融机构是依附于政府产生的。法国合作金融在法国农村金融体系中占据重要地位，成为其不可分割的一部分。政府在农村合作金融的产生和发展过程中具有很高的参与度，在扶植合作金融机构和组织发展的同时也对其进行适当干预。法国政府早在 19 世纪初就颁布了《法国土地银行法》，对合作金融发展予以立法支持和行业规范，引导其可持续健康发展。在法律支持下，政府致力于组建农村信贷机构，为助力农业产业发展搭建融资平台。

政府还设立了法兰西土地信贷银行、小型农业信贷互助地方银行、农业信贷地区银行、国家农业信贷管理局等组织和机构，用于支持农村合作金融发展。1852 年，法国创建了世界上最早的农业专门银行——法兰西土地银行。法兰西土地银行以农民为服务对象，为农民提供贷款支持其用于购买土地、开垦土地。1885 年，法国出现了地方信用社，被认为是最早的合作金融组织。1894 年，法国鼓励创建小型农业信贷互助地方银行。1899 年，法国创建了具有基层地方性互助银行性质的农业信贷地区银行，作为一种互助联合组织，负责合理分配法兰西土地银行的贷款资金，帮助地方银行解决资金困难，协调地方银行业务发展，从而提高长期资金的流动性。1920 年，法国组建了国家农业信贷管理局，对地方农业信贷银行、地区农业信贷银行加强管理。1926 年，法国政府对国家农业信贷管理局进行改革，在其基础上出资设立了法国农业信贷银行。从行政机关到经济组织的转变，理顺了国家农业信贷银行与省级地区信贷互助银行、基层地方农业信贷互助银行的关系，标志着法国农村信贷体系的基本形成。

法国农业信贷银行的总行属于国家机关，省级及地方行为私营企业性质。具体分为三层组织结构，顶层为农业部直接管理的总行国家机关；中间层为区域性信用合作联社，由地方合作社构成；最底层是地方合作社。为了制衡权力分布，法国的农业信贷银行实行自上而下的选举制度，基层行拥有选举权。启动之初，法国政府拨付了 4000 万法郎的启动资金，省级、地方行采取社员自愿入股方式募集资本金。社员的身份可以是农民、农户，也可以是小企业主或雇员。最高权力机构是全体委员会，其中参议员、众议员各 3 名，行业代表、政府代表、地区行代表若干名。日常执行机构是理事会，其中设 11 名理事，包括中央委员会推选的 7 人和政府、管理层推选的 4 人。法国总统对总经理直接任命，实行总经理负责制，对省级行按照合作金融原则进行管理。从 1950 年起，基层行不再行使贷款审批权，由信用联社代为行使。1988 年法国推动农业信贷银行股权改革，向股份合作制发展，政府将 10% 的股权转让给员工，其余转让给地区行。总行的责任和权力体现在管理投融资、对地区行实行监督等方面。

1945 年，法国成立全国农业借贷联合会，负责制定涉农贷款相关政策，且不得从事银行业务及其他金融活动。全国农业借贷联合会的性质特殊，法国合作金融体系兼具公有、私有经济性质，法国农业信贷银行的总行属于政府机关，具有"公有性质"，而省级和基层行属于企业，具有"私有性质"。法国政府为了提振农村合作金融发展，制定了积极的优惠政策，投入大量资金予以支持和扶植。法国的合作金融体系实行决策民主化，鼓励社员参与决策，采取公开、透明的决策方式，保障了社员的知情权以及合法权益。

2. 运行模式和发展现状

法国的农业合作社吸纳了将近 90% 的农民，合作社涉及多个行业，已经渗透到法国农业和相关产业的各个生产、销售以及售后环节。具体类型包括农业生产合作社、农产品加工合作社、农业技术合作社、农产品销售合作社等，分布在农业产业链的各个领域。此外，法国关于开展农业教育和培训、农业金融服务、农业保险服务等方面也依靠合作社进行运营和管理。合作社的产生与发展有助于农业经济的发展，存在的意义和价值体现在以下方面：一是降低了农业生产资料采购成本。农民通过合作社的方式联系起来，统一购买生产资料，拥有议价优势，降低了农产品的生产成本。二是通过合作社的方式，将农产品的生产环节和销售环节紧密联系起来，提高了农民的话语权和销售议价能力，有利于维护农民的经济利益，避免增产不增收现象的发生。三是农民与合作社之间既有分工又有合作，各司其职，有利于提高农产品附加值。在分工合作下，农民专注于农产品种养殖，合作社则负责为农民提供技术服务、联系农产品销售渠道，实现价值增值，在加工服务、销售链接等领域为农民提供支持和帮助。

目前，法国农业信贷银行的组织结构呈金字塔形，顶层是中央农业信贷银行总行，属于国家机关，由农业部和财政部共同管理，对全国农业互助信贷银行行使最高管理权。中间层是省级农业信贷互助银行，于 1920 年组建完成，是由若干地方农业信贷互助银行组成，对地方农业互助信贷银行行使领导权。最下层是地方农业信贷互助银行，属于民间组织，负责为社员提供服务，保障社员经济利益。在三级组织中，最基层的地方农业信贷互助银行在运行中将合作制原则体现得最集中、最显著，在地方农业信贷互助银行日常经营中，所有的营业点均面向农户提供业务服务。金字塔的三个层级均享有财政独立权，自负盈亏。股东在股东大会均严格按照一人一票制，严格遵守合作原则，拥有健全的民主监督机制。法国农业信贷银行坚持业务多元化发展战略。农业产业具有风险大、收益低的弱势特征，在世界各国都面临同样问题，只有将农业资金进行非农化操作和管理才能解决农业产业化过程中面临的资金难题。法国农业信贷银行为了持续支农，以非农养农，开展了国际业务、公司业务、农户贷款业务等多种业务，实现了多元化发展。

3. 扶持政策和监管体系

①扶持政策①

法国农村合作金融的扶持离不开政府的政策扶持和帮助，法国政府在财政、税收、利率、立法等方面对合作金融予以帮助，对合作金融机构和组织的权利和义务加以界定。

在财政支持方面，1897 年，法国为支持农村合作社发展，拨付 4000 万法郎作为农业信贷互助银行启动资金，为其日后发展提供了雄厚的资金储备。1950 年，政府投资 2.58 亿法郎为农业信贷银行进行资金支持。法国的合作金融具有官方色彩，在财政部的支持下，法国农业信贷总行作为行政管辖机关，负责协调调动各个主管部门，制定行为规范和管理标准，为省级行和基层行提供业务指导以及实施监管。伴随着法国农业信贷互助银行推行股份合作制改革，中央财政逐步削减对其资金支持力度，农业信贷银行开始按照市场利率吸收存款，经营储蓄业务，同时通过银行间市场筹集资金，开展财政贴息贷款的发放业务。根据法国农业信贷银行的发展经验，

---

① 徐俊. 各国农村合作金融体制比较研究 [D]. 长春：辽宁大学，2015.

在政府财政投入减弱的情况下，农业信贷银行推行了股份合作制改革，实施多元化发展战略，符合市场发展规律，为合作金融机构和组织的升级改造带来了启示。

在税收优惠方面，政府给予合作社极大优惠。不但免征合作社的企业所得税，还对按照合作社不动产总额征收的地方税予以减半优惠。这种做法有利于避免重复征税，合作社免缴企业所得税，社员只需根据分红收入缴纳个人所得税。此外，合作社与非社员交易，为非社员提供服务而产生利润时，合作社需要缴税。法国按照交易排他性原则和合作制原则，规定当合作社与非社员发生交易时获取的利润不能返还给社员，只能归合作社所有，并按照33%的税率缴纳企业所得税。当合作社与非社员产生的交易额和营业额占比超过五分之一时，合作社将按照全部盈余缴纳企业所得税。

在利率优惠政策方面，法国农业信贷银行的涉农贷款充分体现了政策性金融属性，一种是期限较短，多数为2年的短期普通贷款；另一种是期限较长，一般可达10年至40年的优惠利率贷款。优惠贷款的投向通常为农田水利工程、个人购房和土地购买、农村电气化工程等。截至1976年底，农业信贷银行共发放农业贷款1840亿法郎，占法国农业信贷银行贷款总额的17.3%。在财政补贴下，农业信贷银行持续发放政策性低息贷款。政府补贴额度随着贷款发放逐年递增，据统计，1966年补贴额度为6亿法郎，1982年为62亿法郎，增长超过10倍。由于农业的弱质性，起初商业性金融没有进驻农村市场的积极性，由此，法国农业信贷银行垄断了国家低息贷款的分配权，体现了政策性金融的优越性，多年来始终扎根农村市场，坚持为社员服务的初衷。

②法国的金融监管体系

2013年，法国的金融监管体系历经分业监管模式、宏观审慎监管模式，进入了强化监管模式阶段。在分业监管阶段，金融监管的法律基础包括《金融安全法》《经济现代化与市场信心法》《经济现代化法》。依据这些法律，法国构建了区别于美国、英国、德国的金融监管体系。监管体系包括金融业企业监管理事会、经济与财政部、法兰西银行、两个咨询委员会和五个行业委员会或监管局。这些监管部门将市场监管与审慎监管分开，对银行业、证券业、保险业实行分业监管。分业监管模式对不同行业实行专业化管理，虽有效降低了市场风险，但加大了各部门沟通和协调的难度，监管部门的权威性有待加强。2010年至2013年，法国意识到分业监管存在的问题，在同一监管改革框架下实行混业监管，对接欧盟相关金融监管法律体系的同时推出《关于合并银行和保险业的监管机构与审批机构的总统令》和《关于银行和金融监管的法律》，设立金融监管与系统风险委员会（CRFRS），取代金融业企业监管理事会，作为宏观审慎监管的决策和协调机构。金融市场监管局的权力进一步扩大，审慎监管局也被赋予更多职能，实现了微观审慎监管和宏观审慎监管的有效结合，强化了监管体系的统筹监管能力。2013 年，法国通过了《银行活动分离及规范法》，继续推动金融监管体系改革，具体方案是组建金融稳定高级委员会，作为宏观审慎监管部门，组建审慎监管与处置局，以便预防和化解银行业危机。

4. 经验借鉴

合作性金融应以辅助农民生产，增加农民收入为目的，在市场经济环境下发展农村合作性金融需要政府的立法、财政、税收、货币政策等各方面的扶持和倾斜。纵观法国合作性金融发展历程，可以总结出以下几点经验，供我国参考和借鉴。

一是处理好合作性金融、政策性金融和商业性金融之间的关系。农村合作性金融对于提振农村经济、提高农民生产积极性及增加农民收入具有不可替代的积极作用。根据三维金融框架理论，合作性金融、政策性金融和商业性金融之间是相互补充、相互影响的关系，法国的合作性金融体系在设计之初将农业信贷银行总行定位为国家行政机关，赋予其政策性使命，开展业务时将商业性金融和合作性金融有效对接，并对合作性金融体系推行股份合作制改革，提高了合作性金融的运行效率，从而更好地完成了合作支农的任务。合作性金融作为政策性金融的有效载体，落实了国家的政策导向和发展规划。法国的合作金融机构相对独立，在政府的扶持下能够坚守合作制原则，实行多级法人管理制度。

二是政府加大对合作性金融组织和机构的扶持。市场经济体制下，优胜劣汰的生存法则无处不在，合作性金融机构和商业性金融机构在多维度存在竞争关系。由于合作性金融带有政策性的使命，因此政府有必要对其进行政策扶持。法国的扶持政策体现在法律、财税、货币政策等方面，具有政府主导特征。农业信贷银行在成立之初就由财政部出资，随后持续追加投资，鼓励其在发展中壮大，为其提供了资金后盾。法国是典型的对合作社采取税收减免的国家之一，通过税收优惠引导合作社与社员发生交易，为社员提供业务服务。此外，法国出台的《法国土地银行法》从法律角度保障了合作性金融机构能够享受到贷款利率补贴，对涉及农业的贷款予以政府补贴。

四、合作金融案例及有益的经验

中国农村合作金融探索历程曲折。近年来，随着《农民专业合作社法》的推行和实施，农村地区涌现大量内生的资金互助组织，提高了农户生产积极性，解决了生产面临的资金不足问题。我国由此进入农民合作金融发展的初级阶段。下面，本文通过网络公开资料对各地开展合作金融的探索实践活动进行整理，以案例形式说明合作金融现阶段所取得的成效。

（一）案例

1. 山东沂源双义果蔬专业合作社"四项举措"助推信用互助见成效

沂源县双义果蔬专业合作社成立于 2010 年 1 月，共有社员 139 户，其中农民社员 138 户，团体成员 1 名，股金总额 600 万元。该社有理事、常务理事和监事会，建立了完善的财务与分配监管制度。自业务开展以来到 2020 年末，累计发放信用互助金 96 笔、金额 517 万元。主要做法如下：

加大宣传推广力度，提高社员认知水平。该社召开了社员大会，发放信用互助倡议宣传书，通过了《沂源县双义果蔬专业合作社章程》修正案，参与信用互助的社员签订了《自愿承担风险承诺书》，全体社员充分了解合作社信用互助试点的条件、流程、要求和意义。通过宣传推广，社员对信用合作的认知程度大幅提升，参与试点的积极性明显提高。

健全规章制度，明确规范管理，推动工作稳步开展。按照《农民专业合作社法》《山东省农民专业合作社信用互助业务试点管理暂行办法》的有关规定和要求，该社坚持"社员制、封闭性"，本着"对内不对外、分红不分息"的原则，将信用互助的基本原则及性质固定下来，并形成一套完善的资金运作模式。成立了信用互助部，资金使用评议小组，选举了信用互助小组成员，制定了信用互助业务议事规则、工作守则、公示制度、业务流程；对参与互助社员的资金存放额度、借款额度和托管银行账户使用等方面，该社做了明确的制度规定；与农商行张家坡支行签订了信用互助账户合作托管协议，便于时时监督信用互助资金业务；定期召开负责人会议、理事会议和社员代表大会，研究讨论合作社重大决定，完成建议反馈等工作。

建立信用互助桥梁，实现高效优质服务。针对社员多分布广的实际情况，该社在每个村庄从社员中选取 1 人为联络员，及时了解社员的信用状况和用款信息等。通过合作社、镇村联络员和社员"三位一线"增加了社员之间的互信程度。同时，该社的每位社员在合作社都有授信额度评议，社员提出借款申请后合作社互助部有专门的调查人员进行审批审查，从预约登记—书面申请—资金出借前调查—签订借款合同—资金划转到位，整个业务流程不超过 2 天，借款人就可以顺利拿到互助资金，及时满足用款需求。

坚持稳健原则，有效规避经营风险。该社在章程中明确提出，在互助服务中牢牢坚持"三必须"原则：一是必须为本社社员，能够互相了解、知根知底；二是必须服务农业生产经营，互助资金仅限于社员建设蔬菜大棚，购买化肥、农药、薄膜、种子，而其他非农业生产用途的用款需求一律不批；三是必须为中小额资金，借款额控制在一定额度内，对社员确有大额资金需求的，由合作社协商托管银行解决。同时，为有效规避风险，信用互助资金借款期限控制在一年以内，在有效满足社员生产经营需求的同时，切实降低了风险，数据显示，该社互助金未出现一笔不良贷款。

沂源双义果蔬专业合作社信用互助丰富了社员融资方式和渠道，切实解决了农民短期小额资金需求。该社互助金按照 6% 的比例进行分红，一定程度上也增加了农民的财产性收入。同时，该社在冷库存放方面，给予社员每斤 0.3 元的优惠存储费用，为 139 户社员节省存储成本近 10 万元。

2. 贵州玉屏县供销联社股金服务助力农民增收

2014 年，玉屏供销联社牵头，整合下属农资公司、农民专业合作社、农村致富带头人等主体闲散资金，建立了群众入股互助融资平台——惠民股金服务社，平台注册资金 1000 万元专为社员从事种养殖业、加工业和规模生产提供资金支持。截至 2021 年 6 月底，惠民股金服务社共计发展社员 814 人，入股社员股金 9512 万元，调剂资金余额约 1.21 亿元。惠民股金服务社扎根农村、服务农民，在一定程度上推进了农业农村产业发展，促进了农户增收，服务了脱贫攻坚、乡村振兴。如向 12 家黄桃种植合作社调剂资金 302 万元，向朱家场镇大兴村茶叶种植合作社调剂资金 90 万元，解决了茶叶加工厂房建设难问题，带动群众就业 100 余人；向贵福菌业调剂资金 1000 万元，解决贫困户就业 300 余人。玉屏供销联社为解决大量耕地闲置问题，牵头成立了玉屏县供农农机农民专业合作社，通过流转土地，整合土地资源，发展坝区产业种植。在机械化耕种的同时，为周边村民提供了大量就业岗位，增加了群众收入。在发展坝区产业的同时，合作社培养了一大批职业农民，提升其操作技能和服务水平，为推动农业产业化发展提供了人才保障。目前，该合作社在彰寨、五里桥等坝区流转土地达900余亩，发展了西兰花、优质水稻、西瓜、辣椒、七彩鸡养殖等多个产业。2020年底，产值达到300余万元，汇集1126户农户。

3. 吉林通化县中联中药材种植专业合作社联合社规范信用合作，实现金融赋能

通化县中联中药材种植专业合作社联合社是由中国供销集团中和联孵化、县政府常务会通过的信用合作社试点社，中国供销集团有限公司下属中合联投资有限公司提供业务指导。该社2019年被吉林省供销社确定为重点培养单位，2020年通过省市两级联合整改验收。联合社由通化县人参产业覆盖区域以及乡镇为单位成立的专业合作社联合发起。其中，快大中合农联信用中药材种植专业合作社、光华中合农联信用中药材专业合作社开展了信用互助业务。截至2020年4月末，两家开展信用互助成员社共有社员1499人，从业人数12人，发起股东股金305.35万元，社员存入股金2079.92万元，社员借款余额1758.62万元，筹资账户626.65万元。

吉林通化县中联中药材种植专业合作社联合社成效显著得益于其特点鲜明的业务模式。自2017年8月成立以来，合作社联合社始终坚持"三个一"服务理念：围绕一个产业，即以人参等地道中药材为主的农业产业；扎根一个地域，即以本乡镇、农业产业园为主的本地农村地域；服务一个群体，即农民合作社、家庭农场等农业新型涉农经营主体、普通农户等域内有产业联结的群体，全面建立生产合作、供销合作、信用合作综合服务体系。在业务模式上，加强生产合作，打牢产业基础。依托通化县人参产业园，为人参产业区域的乡镇村屯开展全产业链业务和服务。整合人参种植资源，做好信息登记与统计；提升社会化服务职能，实现规范化管理；建设标准化工厂，为社员提供配套加工服务。在政府的扶持下，建立了自有加工厂。项目占地1108平方米，建筑面积1688平方米，其中标准化加工车间10余间，使用先进的电烘干设备，加工能力是传统烘干室的4倍以上，成品率大幅提升，社员产品质量全面提高。其次，创新供销合作，拓展市场渠道。通过建立微信群，实时发布社员自产农产品供需消息，实现了农产品生产销售"线上+线下"的运营模式。再次，规范信用合作，实现金融赋能。在各级主管部门的监督以及供销系统指导下，联合社严控风险、审

慎规范开展信用合作业务，缓解了融资难、融资贵问题。

联合社开展合作金融实践过程中坚持社员制、封闭性原则，对内不对外，主要为社员提供服务，不吸储、不分红；严格按照监管要求执行限额管理，实现风险分散、有效管控；对合作社的业务全面检查每月不少于两次，严格执行互助金投放三级审批管理。

4. 福建南安资金互助社金融扶贫成效明显

南安资金互助社地处南安市向阳乡，向阳乡原属于省定贫困乡，是南安最高、最远、最困难的乡镇，是泉州市 30 个重点扶贫乡镇之一，在福建省乃至全国都具有典型性。2016 年 5 月，福建省南安资金互助社组建完成。由 18 位村民发起，每位发起人股金 5 万元，原始股金共 90 万元。

互助社促进当地金融发展与扶贫脱贫的效果明显。2016 年南安资金互助社发放互助金占当地村民贷款总额的 3.05%，占当地扶贫授信总额的 18.43%，到 2017 年这两个比例分别上升到 4.15% 与 23.71%。经过两年发展，截至 2018 年初，南安资金互助社拥有社员 623 人，资产总额达到 383 万元，社员股金 78 万元，发放互助金 359 万元。南安资金互助社相对于省内其他资金互助组织成立时间较早，管理机制较为成熟，金融扶贫较为明显。南安资金互助社所在的向阳乡存在正规金融相对供给不足、劳动力转移、农业经营占比大等特点，依靠资金互助探索金融扶贫已经成为当地特色之一。

5. 全国首家持牌村级农村资金互助社（梨树县闫家村百信资金互助社）经营状况有待改善

2004 年 7 月 10 日，经银监会批准，吉林省梨树县闫家村百信资金互助社正式成立，成为全国首家持有金融牌照的村级农村资金互助社，属于正规金融范畴。闫家村百信农村资金互助社由闫家村 32 位农民发起，注册资本 10.18 万元，是经四平市银监分局批准成立的。闫家村资金互助社是在百信农民合作社的基础上完成组建的，该合作社以养殖为基础，农机化服务为纽带、资金互助为依托，合作增加入会农民的生产经营效益。互助社按照合作组织原则设立了社员大会、理事会、监事会，并配备了相应的管理和从业人员。该社制定了农村资金互助社章程、财务制度、安全保卫制度、信贷管理办法，发起人出资比例符合《农村资金互助社管理暂行规定》要求，单个发起人最高入股比例为 9.92%，不超过 10%。超过 5% 比例的单个发起人 6 人，占发起总数的 18.75%，占本次筹集股金总额的 59.53%。

截至 2021 年第一季度末，百信资金互助社资本充足率为-6.26%，不良贷款余额 155.98 万元，不良贷款率为 82.49%，贷款准备金缺口 83.2 万元，拨备覆盖率 7.02 万元，资产利润率 5.23%，存贷款比例 55.36%。从各项监管指标看，百信资金互助社处于亏损状态，经营状况有待改善。

（二）有益的经验

1. 完善合作金融立法，加大政策扶持力度，丰富我国农村金融体系

坚持合作制民主管理原则，充分尊重社员利益，在以"社员为本"的前提下，评估各地合作金融组织实践效果，并据此尽快出台有关法律法规，为我国发展农村合作金融提供法律依据。丰富我国农村金融市场产品服务，构建合作性金融、商业性金融、政策性金融和谐发展的农村金融体系。

加强国际沟通交流，借鉴发达国家合作金融发展经验。一是借鉴法国、荷兰、德国做法，加大财政资金投入，考虑对合作法人实施税收减免优惠，提高合作金融组织市场竞争力，实现长期可持续发展。发展农村合作金融组织的目的在于帮助农民、农户等弱势群体解决融资贵、融资难问题。但由于农民的资金实力有限，互助金缴纳的额度偏低，导致互助资金规模有限，经营收益偏低甚至亏损，财政税收政策的倾斜将从根本上缓解这一问题，助力合作金融发展。二是健全农业保险体系，设立风险保障基金。农业生产受自然天气和灾害影响很大，具有投入多、收益慢、效益不确定等弱势特质，为了防风险、降低损失，应健全农业保险体系，丰富农业保险产品和服务，切实降低农业风险，减轻农民损失。此外，设立风险保障基金，设计相应的风险损失机制，有助于提高农民参与合作金融的积极性，这些都可能是有利于我国农业合作金融体系完善和发展的做法。

2. 合作金融组织（机构）应坚持合作金融原则，正确处理非正规金融与正规金融之间的关系

坚持合作金融基本原则。坚持互助性原则，互助合作不以营利为目的，坚持为农民服务、为农业服务、为农村服务的互助性原则，为农民提供生产所需的小额、短期、低利率贷款服务。坚持封闭性原则。坚持社员制封闭运行原则，合作互助资金的吸收和投放应该严格限制在社员之间。坚持熟人社会属地原则，根据社员经济实力、管理能力确定熟人社会范围，以便发挥熟人社会的信息优势，发挥合作金融服务当地经济发展需要。坚持规范性原则，加强内部管理制度建设，健全内部治理结构，规范业务流程，减少交易风险。坚持可持续性，力争在财政支持下，不以追求固定投资回报为目标，按照收益覆盖成本，保本微利原则，为农户提供服务和融资便

利，实现合作金融在农村金融领域的可持续发展。

处理好与正规金融的关系。正确处理合作性金融和商业性金融的关系，避免合作组织违反规定，执行"高进高出"的利率标准，避免农村合作金融组织与正规金融机构之间的恶性竞争。引导合作金融组织与正规金融机构实现对接，形成合作与互补关系，共同服务"三农"发展。我国合作金融组织通常以行政村为单位开展资金、信用互助，同村的自然环境、地理位置相同，农民所从事的种养殖业趋同，生产周期基本重合，会出现资金供给的严重不足和资金的大量限制，增加了互助合作业务的开展难度，降低了资金利用效率。通过合作金融对接正规金融，能够通过调剂资金规模满足生产高峰期的资金需求，以正规金融的资金补充合作金融组织的供给不足，进行季节性、周期性调节。合作组织也可以将资金存放、托管于正规金融机构，实现互助资金的保值增值。可考虑通过合作，正规金融完成了助力"三农"发展的任务，合作金融组织解决了资金高峰期的供给不足和资金闲置期的效率低下问题，二者实现双赢。

参考文献

［1］周正庆．中国金融实务大全［M］．长春：吉林人民出版社，1991.

［2］岳志．现代合作金融制度研究［M］．北京：中国金融出版社，2002.

［3］王曙光．农村金融学［M］．北京：北京大学出版社，2008.

［4］季特．季特经济学［M］．上海：泰东图书局，1928.

［5］舒尔茨．西方合作经济理论评述［J］．林业经济，2007（11）.

［6］马克思，恩格斯．马克思恩格斯选集，第二卷［M］．北京：人民出版社，1995.

［7］马克思．资本论（第三卷）［M］．北京：商务出版社，1995.

［8］列宁．列宁全集［M］．北京：人民出版社，1987.

［9］李大钊．我的马克思主义观［J］．新青年，1919（9）.

［10］冯建辉．从陈独秀到毛泽东［M］．北京：中央文献出版社，1998.

［11］李大钊．土地与农民［M］．北京：中央文献出版社，1995.

［12］毛泽东．毛泽东著作专题摘编［M］．北京：中央文献出版社，2003.

［13］郭铁民，林善浪．中国合作经济发展史［M］．北京：当代中国出版社，1998.

［14］陈晓枫，李伟．金融发展理论的变迁与创新［J］．福建师范大学学报哲学社会科学版，2007（3）.

［15］费孝通．乡土中国［M］．北京：北京大学出版社，2014.

［16］白钦先，文豪．论三维金融架构——哲学的人文的历史的与经济社会综合视角的研究［J］．东岳论丛，2013（6）.

［17］中国人民银行农村金融服务研究小组．中国农村金融服务报告2018［M］．北京：中国金融出版社，2019.

［18］赵学军．农村合作基金会兴亡的再探讨［J］．金融评论，2018

（6）．

　　[19] 陈吉元，胡斌．论发展农村合作基金会的深层意义 [J]．中国农村经济，1992（9）．

　　[20] 余国耀，温铁军，张晓山．九十年代产权制度的对策研究 [M]．北京：中国商业出版社，1994.

　　[21] 石秀印．农村股份合作制 [M]．长沙：湖南人民出版社，1999.

　　[22] 郭晓鸣，赵昌文．以农民合作的名义：1986—1999 四川省农村合作基金会存亡历程 [D]．世纪周刊，2001（1）.

　　[23] 魏道南，张晓山．中国农村新型合作组织探析 [M]．北京：经济管理出版社，1998.

　　[24] 李静．中国农村金融组织的行为与制度环境 [M]．大同：山西经济出版社，2004.

　　[25] 卢汉川．当代中国的信用合作事业 [M]．北京：当代中国出版社，2009.

　　[26] 温铁军．农村合作基金会的兴衰：1984—1999 [EB/OL]．中国农经信息网，2004.

　　[27] 姜旭朝．中国民间金融研究 [M]．济南：山东人民出版社，1996.

　　[28] 中国社会科学院农村发展研究所，国家统计局农村经济社会调查队．中国农村经济形势分析与预测 [M]．北京：社科文献出版社，1998.

　　[29] 刘世定．低层政府干预下的软风险约束与农村合作基金会 [J]．社会学研究，2005（5）．

　　[30] 汪小亚，等．新型农村合作金融组织案例研究 [M]．北京：中国金融出版社，2016.

　　[31] 韦轶婷．江苏农村合作社达5万多家农户"被参加"现象亟待解决 [EB/OL]．中国江苏网，2014-01-16.

　　[32] 张晓山，苑鹏，潘劲．中国特色"三农"发展道路研究 [M]．北京：清华大学出版社，2014.

　　[33] 殷浩栋，王瑜，汪三贵．贫困村互助资金与农户正规金融、非正规金融：替代还是补充? [J]．金融研究，2018（5）．

　　[34] 刘西川，杨奇明，陈立辉．农户信贷市场的正规部门与非正规部门：替代还是互助 [J]．经济研究，2014（1）．

　　[35] 陈清华，董晓林，朱敏杰．村级互助资金扶贫效果分析：基于宁

夏地区的调查数据［J］．农业技术经济，2017（2）．

［36］杨龙，李萌，汪三贵．贫困村互助资金降低农户脆弱性了吗：来自 5 省 1213 户三期面板数据的证据［J］．农业技术经济，2018（6）．

［37］李渊，刘西川．政府支持对村级发展互助资金效率的影响：基于 5 省 160 个样本村的调查数据［J］．新疆农垦经济，2019（11）．

［38］中国人民银行合作金融机构监管司赴德国考察团．德国合作金融的特点及启示［J］．中国金融，2000（2）．

［39］车红莉．德国农民合作社管理经营模式及启示［J］．农业经济展望，2019（3）．

［40］汪小亚，谭智心，何婧．农村合作金融国际经验研究［M］．北京：中国金融出版社，2020．

［41］程列辉，朱建平．德国、荷兰合作金融体制考察及启示［J］．金融纵横，2018（8）．

［42］中国合作金融考察团．对德国 DG 银行、荷兰拉博银行的考察报告［J］．中国农村信用合作，1997（1）．

［43］盛劲松．欧美典型国家农民资金互助组织法律制度及其启示［J］．世界农业，2017（3）．

［44］徐俊．各国农村合作金融体制比较研究［D］．沈阳：辽宁大学，2015．